KB189382

수좌 적명

봉암사 수좌 적명 스님 유고집

수좌 적명

불광출판사

서문

스님의 「진실의 참구」라는 글에서,

"일체 존재하는 바
허망하지 않은 것이 도대체 무엇이던가?
어떠한 일이 이 세상에 일찍이
그대 속을 아프지 않게 떳떳이 존재해 있더란 말인가?

찬바람 따라 지워져 가는 낡은 잎새들처럼
가슴속 부질없는 열기 식히며 헛된 상념들 잊고 싶다.
이제 두 번 다시
기웃거림 없이 오래 그리고 조용히 정진하고 싶다.
깊이깊이 참구에 들고 싶다."

지난봄 극락암에서 도반 명정明正을 보낼 때 산천엔 봄꽃들이 흐드러지게 피었고, 오랜만에 만난 여든 전후의 도반들 얼굴에는 생사의 기미란 추호마저 없었는데….

이제는 두 번 다시 기웃거림 없이 오래오래 조용히 또 조용히 정진하고 싶어서인가. 깊이깊이 참구에 들고 싶어서인가. 화상은 그렇게 적멸에 들어 버리고 나는 화상이 버리고 간 일기와 한담閑談들을 뒤적거리면서 남겨진 향기를 음미합니다.

매화는 일생 동안 추위에 떨어도 그 향기를 팔지 않는다더니 그 향기 이제야 알 것 같습니다. 달그락달그락 바람 일 듯 염송念誦이 산사를 툭 치고 갑니다.

도반 무비無比

차례

청산은 말없이 높고 호수의 물은 홀로 깊네

적명 스님 일기

사멸 그 너머에
미소 띤 님 기다리네

인터뷰 · 추모의 글

적명 스님 일기 | 1980.10 ~ 2008.09 |

청산은 말없이 높고
호수의 물은 홀로 깊네

가을 상념

1980. 10. 15.

바람 스산하게 불고 물들었던 가을 잎들도 자꾸만 진다.
왠지 쓸쓸하다.

나이 마흔둘, 충분히 어른스러울 나이다.
이십여 년 수도 생활은 무언가 그 결실을 기대해도 좋을 법하다.
허나 쓸쓸하기만 한 기분은 한껏 허전키만 하다.

언제나 돌이켜 봐도 자신은 어린애 같기만 하다.
언제나 자신에게만 매달려 있다.
사소한 곳곳에서 감정은 몸부림치며 펄떡거린다.
아집我執의 낚시에 물린 고기로서 펄떡일수록 상처만 깊어 가는 것이다.

이 가을
떨어지는 낙엽 따라 번뇌 다 지고
빈산처럼 스스로 우뚝 서서

다시는

자신을 슬퍼하는 일이 없도록 하소서.

부동의 도량

1980. 10. 19.

득도得道란 주위 환경에 절대적으로 영향 받는 것일까?

결코 아닐 것이다.

주위에 영향 받고 있다면

그는 아직 진실한 도량道場에 이르지 못한 자이다.

진실한 부동不動의 도량에 이르지 못한다면

도道와는 인연이 없는 것이다.

진실의 참구

1980. 10. 19.

참으로 죽은 듯이
십 년이나 이십 년 아니 몇 생이라도
이 진실한 생명의 모습을 참구參究하라.

일체 존재하는 바
허망하지 않은 것이 도대체 무엇이던가?
어떠한 일이 이 세상에 일찍이
그대 속을 아프지 않게 떳떳이 존재해 있더란 말인가?

찬바람 따라 지워져 가는 낡은 잎새들처럼
가슴속 부질없는 열기 식히며 헛된 상념들 잊고 싶다.
이제 두 번 다시
기웃거림 없이 오래 그리고 조용히 정진하고 싶다.
깊이깊이 참구에 들고 싶다.

고개 돌림이 없게 하소서

1980. 11. 1.

불타 세존이시여,
이 길에서 고개 돌림이 없게 하소서.

잠시라도
속제의 재물의 이利에 끌리지 않게 하옵고
색色의 아름다움이나
명예의 빛남에도,
지知나 덕德의 우월에 인한 인격의 고매함에 대해서조차도
부디 마음 쓰지 않게 하소서.

세존이시여.
확실히 진리도, 부처도,
선善도, 덕德도, 인격도, 그 아름다움이라는 것도
모두 존재하는 게 아니옵니다.
부디 집착치 않게 하소서.
이 몸에, 이 마음에, 이 자기에 말이옵니다.
세존이시여….

대력보살

1981. 1. 10.

권투 시합을 보노라면
끝까지 흐트러지지 않는 자세로 임하는 선수가 대체로 강하다.
그런 것은 훈련으로 되는 일일 것이다.

일상생활에서 흐트러지지 않는 사람,
그런 사람이 대력大力보살이다.

감정이 흐트러지지 않고
겸손하고 공정하며 양식 있는 언행을 잃지 않는 자,
수행인의 자세가 흐트러지지 않는 사람,
세파의 물결에 부딪힐수록 오히려 더욱 굳세어지는 사람,
그런 사람을 수행인이라 이를 것이다.

일

1981. 3. 19.

일은 없을수록 좋다.
말은 간략할수록 깨끗하다.

일을 없애려 말며,
일을 피하려 말며,
오직 일을 만들지 말라.

일을 마음속으로부터 좋아하지만 말라.
그러면 일은 저절로 물러가리니.

사표 지효 스님

1981. 3. 19.

금당선원에 큰스님이 한 분 계신다.
존경할 만한 분이다. 지효 스님.

한참 베스트셀러에 오른 『만다라』 속의 노장스님, 바로 실제의 그분이다. 허연 눈썹에 아직은 정정한 모습으로 한 시간 빠짐없이 정진에 참여하신다. 지도자적인 역량도 있어 보이며 과거 종단사를 도맡아 한때 운영도 하셨다.

큰스님이며 큰스님 노릇도 얼마든지 하실 수 있는 분이다.
허나 일체 말이 없다. 아는 소리 일체 않으신다.
상당법문은 물론 소참법문도 사양이시다.
묵묵히 정진할 뿐이다.

법에 대한 겸허한 태도,
그 진지함은 참으로 사표師表가 되고도 남는다.
아마 본받아야 할 나의 미래상이다.

실상과 미망

1981. 3. 19.

정진할 수 있는 얼마만 한 시간이 내게 있는가?
실상實相을 깨닫지 못하면 미망迷妄은 끝이 없는 것.
분별分別로서 미망을 줄일 수 있다고 믿지 말라.
분별, 그것이 미망이려니.

뒷날에 병와신음病臥辛吟하며 한불궁恨不窮하리니
아직 그래도 사대四大가 강건할 때 애써 두라.
세계가 이미 환화幻化이거니 무엇을 집착할 것인가?
밀려오는 만사에 외면할지어다.

'일, 일' 하며 '마장, 마장' 하거니와,
경계와 사뭇 마음은 일체가 다 식소변識所變이니
일이 이르기 전에 마음이 먼저 원하고 있음을 살피라.
진실로 원하지 않는 일은 찾아오지 않는 것,
스스로 단속해 원치 않도록 하라.

이번에 해결하라

1981. 3. 19.

하잘것없는 곳에 매달려 세월을 흘려보내고
마침내 돌아서서 앞뒤를 원망하나
일도, 시간도 흘러가면 꿈만 같아라.

벗이여,
홀로 제 그림자를 짝하여
묵묵히 가며 오며
어떤 것이 진실상眞實相인가 참구하라.

어떤 것이 자유로움이며
영원한 생명, 한없는 광명인가?
완전한 평화는 무엇이며
진실한 안심입명처安心立命處는 어디에 있는가?

모든 정신적인 자유로움을 얻고
육체의 고통과 물질적인 장애를 초극한 자,
더없는 지혜의 성취자,

부처는 왜 마삼근麻三斤이라 하는가?
아는 것은 필요 없다.
피부로 느끼도록 하라.
확연히 체득되도록 부단히 참구하라.

벗이여,
좋은 도량에, 좋은 때에
좋은 생각을 일으키지 않았는가?
놓치지 말고 이번에 해결하라.
무엇에도,
그 무엇에도 끌리지 말고,
끌리지 말고 말이다.

수행자와 선행

1981. 5. 1.

선행善行은 불교도佛教徒에게 소홀히 취급되는 경향이 있으며, 그 결과로 덕행의 아름다움이 특히 수좌들에게 대체로 부족하다. 많은 경전에서 선행을 수없이 찬탄하고 있지만 무상無常, 무아無我, 공空을 역설하며 선善의 초탈에서 진리가 체득된다고 설명하고 있다. 더욱이 선사가 후학을 위한 경책에 이르러서는 진리 자체도 오히려 하나의 악惡이라고까지 설하며 "불행佛行까지도 긍정치 않는데 선행이야 이를 필요가 있느냐?"라고 힐책해 온다.

이것이 진실한 의미에서 선행의 부정은 아닐 것이다. 선의 초탈이 다만 선의 부정으로만 받아들여지고 그래서 수행 납자들의 행行이 너무 거칠게 되기 쉬운 경향이 있다. 다시 한 번 근본 뜻을 재조명해서 불자로서의 떳떳하고 올바른 대행大行의 규범을 분명히 할 필요가 있지 않을까 생각해 보게 된다.

방심에 대한 참회

1981. 8. 20.

승행僧行엔 '참는 것', 즉 절제의 의미가 있다.
'욕망의 부절제', 그것은 곧 속인俗人이다.
그런 뜻에서 나는 매우 부끄러운 상태에 있다.
전혀 승의僧意가 없는 상태, 방심의 상태에 빠져 있는 듯싶다.

여름 결제를 하지 않고 무언가 심기일전의 계기라도 잡을 양으로 휴식을 가졌지만 다만 번거로운 한철을 만들었을 뿐이다. 원래 자유로운 사색 속에서 참답게 나아갈 자신의 길을 분명히 살펴보자는 것이었지만 게으른 속성이 이를 허락지 않았다.

수행자와 가난

1981. 9. 12.

수도암, 깊고 한적하고 좋은 도량이다.
겨울 땔감을 대중운력으로 마련해야 될
옹색한 경제 사정이 마음에 걸리지만
어쩌면 그것이 대중의 마음을 검박하고 성실하게 만드는
좋은 경책이 될지 모른다.
어쨌든 신심을 내 보자.

유독 겨울이 춥다니
추위에 약한 몸이 염려스러운 바 적지 않지만
진정한 신심으로 어쩌면 모두 이겨 낼는지도,
더욱 잘 지낼 수 있을지도 모른다.
잘해 보자.

독선

1982. 1. 5.

독선獨善, 그것은 남을 존중할 줄 모르는 적은 허물에서부터 크게는 세계대전이라는 인류 생존의 위협을 초래하는 큰 문제에 이르기까지 갖가지 악과 몽매함의 중요한 원인으로서 특히 수행하는 사람들에게 있어서는 '요주의要注意'해야 할 것이다.

이 세상에 최선, 제일의 선이 있다고 믿는 사람은 그 믿음 때문에 독선이 되기 쉽다. 제일의 선은 유일의 선, 절대의 선에 연결이 되어 곧잘 여타의 선을 인정하려 들지 않는다. 다른 것을 인정치 않으려는 마음, 그것은 아집이며 독선이다.

보살은 원융한 불법의 이치를 의지하는 이이다. 일체법이 본무법本無法이며 또한 법법法法이 실상본체實相本體인 무진연기無盡緣起의 본법本法인 까닭으로 보살행에는 아집이 있을 수 없으며 유일 절대라는 것이 존재할 수 없다.

모든 것은 관점에 따라서 중심점이 될 수 있고, 중요해지고, 근원적일 수 있다. 모든 선이 최선이 될 수 있고, 악이라도 최선이 될 수 있다. 태초부터의 결정적 악이 존재함이 아니라 관점의 소산이다. 실상본체의 입장에서는 일체 선법善法과 불선법不善法이 어디에든 있기 때문이다. 이렇듯 원융무애圓融無碍한 불법佛法(그 원융함에도 집착하면 법견法見이라는 장애를 이루어 원융치 못하게 된다 하거니와), 그 불법을 행하는 보살에게는 아집이나 독선이 있을 수 없는 것인데도 자칫 보살행 자체가 독선이 되는 그릇됨이 얼마든지 있다.

불법을 옳다고 굳게 믿는 나머지 사람에게 불법을 강요하면 독선에 떨어짐이다. 사람을 기쁘고 자유롭게 해 주는 것 말고 달리 불법 행함이 없으며, 이 기쁘고 자유로운 것, 그것이 바로 불법이나, 그에 열심인 나머지 강요하여 싫은 마음을 일으키게 하면 불법이 아닌 것이다.

아무리 좋은 일이라도 당사자가 싫다면 곧 포기해야 옳다. 그를 진심으로 위한다면 최선이라고 판단되는 것을 열심히 설득할 것이나 강요가 되지 않도록 깊이 주의할 일이며, 그가 제2나 제3의 선을 택하더라도 결코 탓하거나 화를 내서는 안 된다. 그의 자유로운 다른 선택에 화를 냄은 진심으로 그를 위하는 마음이 없는 증거이며, 자기 욕망에 빠지고 자기 주의주장에 취해 어느새 자신이 독선의 표본이 되고 있다는 사실을 까맣게 모르고 있는 상태인 것이다. 최선이 최선이 아니게 된 것이다.

모든 인연의 미래 결과를 확실히 알기란 어렵다. 현재 상황으로 거의 확실히 예견되는 결과라도 일의 진행에는 살피지 못한 변수 알파가 있는 것이며, 의외성도 있기 마련이어서 어느 것이 최선이라고 사실상 단정 지을 수 없는 것이다. 미래란 결정적인 것이 아니며, 결정적인 미래, 즉 결과가 없다는 것은 최선이 사실상 있을 수 없다는 증거이다. 뭔가 최선이란, 바라는 바의 결과에 도달하는 제일의 방법이란 뜻이기 때문이다.

(확률적인 의미의) 제2나 제3의 방법이 얼마든지 제1의 방법이 되는 수가 있는 것이 실제의 세상사이기도 하다. 따라서 제2나 제3의 선택에 대해서 부당하다고만 생각함은 독선이며, 보살은 일단 선택한 그의 길에 대해서 사심 없이 모든 협조를 다하는 것이 자신의 바라밀행을 성취하는 방법이다.

한길

1982. 1. 18.

밖을 향해서 거듭
소리쳐 부르짖다 지쳐
이제 비로소 착실히 돌아서누나.

숲속으로 부는 바람 서늘하고
꽃도, 새도 그대를 벌써
반겨 부른 지 오래어라.

있는 것 어느 하나
허상 아님이 있던가?
조그만 들꽃에 팔려
벼랑을 구를까 두렵노라.

오悟와 미迷가 무슨 상관이던가.
오직 뚫린 한길이려니
편안한 마음으로 걸을지어다.

다짐

1982. 3. 15.

자, 이제
나의 진실한 안심입명처나 찾아보자.

뛰는 사람도 있고, 나는 사람도 있다.
허나 나는
나의 식대로, 내 기분대로 서서히 할 거다.

초조로운 기분 같은 것은 없다.
별 불안도 없다.
작지만 내가 나아갈 길은 선명하다.

세상의 모든 것, 모든 존재, 모든 가치,
잡다한 일상의 모든 활동에 이르기까지
일체는 내게 벽이다.
알 수 없고, 넘을 수 없는 큰 벽이다.
모두에 막힌다.

허나 나는 나의 방법으로 뚫어 보기로 작정했다.
안 될지도 모른다. 그러나 상관없다.
헛수고일지 모른다. 그래도 좋다.

애초에 해탈 같은 것은 없는지도 모른다.
그래도 좋은 것이다.
해 보기로 작정했다.

오, 겨우 이제서 이런 소릴 하다니….
어쨌단 말인가? 이제 시작이다.

돌이켜 보면
내게는 어느 때나 시작뿐이었지.
이번 시작도 시작에 그칠지 모른다.
그러나 무슨 상관이랴?

아니,
이번은 달라. 다를 것도 같다, 뭔가.

일체의 장애는 상념想念에서 비롯되고,
상념은 뜬구름 같은 것이다.

심식心識의 장난에 휘말리지 않고
의식의 바닥 저 밑 실지實地를 터전으로 할 것이다.

그래,
여래의 동체대비同體大悲의 가피加被로
비록 장운長雲이 바다 같더라도
끝까지 서서 흘려버리고 말리라.
겁약심怯弱心에 지지 않으리라.
가피하소서.

수행자의 고뇌

1982. 3. 17.

근래 가끔 절망적인 공허감 속에 깊이 빠져들 때가 있다. 이 공허는 곧 무력감이기도 하거니와, 이런 감정이 무엇을 뜻하는지 무엇 때문에 일어나는지 나는 별로 살피지 못했었던 듯하다. 좀 더 젊은 시절에도 가끔 어쩔 수 없는 좌절감 속에서 괴로워한 일은 있었지만 그것은 잠깐이었고 깊이도 대단한 것이 아니어서 맑은 날씨에도 구름은 가끔 해를 가리기도 하는 것이라 여기고 흘려지내 버렸었다.

사십 대에 들어서면서 좌절감은 그 횟수나 깊이에서 무시 못 할 양으로 늘었고, 어쩌면 늘 쫓기고, 자신 없고, 암담한 기분 속에 살아온 것인지도 모른다. 벌써 나는 이것에 대해 깊이 생각하고 그 원인을 찾아보도록 애써 봤어야 옳은데 이제까지 끌었다. 과연 둔하다.

나는 괴로워한다.
우선 그 내용은 뭘까? 공부가 진전이 없기 때문이라고 막연히 생각했다. 현실의 나의 생활과 바라는 바의 이상과 차이가 멀기 때문이기도 했다. 인격적인 면에서도 너무 미흡하고 정서적으로도 매우 불안하다. 의지력도 부족하고, 판단력도, 주의력도 모자라다. 건강도 점차 나빠진다. 이런 모두를 극복하려면 공부가 잘되어야 하는데 뜻대로 안 된다. 그러니 만사 잘되기는 글렀고 그러니 괴롭다. 그렇게 생각했다.

나는 출가 이후 이십몇 년 동안 아직 한 번도 출가를 후회해 본 일이 없고 해탈법을 의심해 본 일도 없다고 확신해 왔다. 세간법 알기를 물거품같이, 티끌같이 여겼다. 한마디로 우습게 알며 지내 왔다. 그렇게 출가 사문으로서 출세간의 뜻이 분명히 서 있는 자신으로 알아 왔다.

그런데 어제저녁 포행하며 자신의 괴로움에 대해서 생각하다가 결코 그렇지 못함을 깨닫고 새삼 놀랐다. 물론 전에도 자신의 욕정이 끊임없음도 알았고 명리심名利心이 들끓음도 알았지만, 자신이 나아가는 길에 대해 대단한 신념과 의욕과 정열을 함께 간직하고 있음을 의심해 본 일이 없었다. 그런데 문득 돌이켜 보니 의외로 세욕이 내 안에 주류를 이루고 있고, 구도의 마음은 먼지 같고 새털 같고 가벼운 연기와 같았다.

생각해 보니 내 마음은 세욕으로 가득 찬 캄캄한 동굴이었고 번뇌로 들끓는 열탕이었다. 갑갑하지 않고 괴롭지 않으면 오히려 이상한 일이다. 무력하고, 용기 없고, 허탈한 게 당연하다. 이런 세욕에 매여 있으니 어느 틈에 진정 공부 생각이 나며, 공부 생각이 진실치 않으니 수행인의 맑고, 깨끗하고, 활기찬 심정을 어떻게 간직하겠는가? 차고 맑은 수도인의 자세가 없으니 당연히 흐릿하고 텁텁한 가운데 욕정에 이끌리고 명리에 휘둘리게 되며 온갖 괴로움이 침노侵擄할 수밖에 없다.

그래, 전혀 없는 듯싶어도 언제나 세욕이 마음 밑바닥에 깔려 있고 이놈이 고개를 들면 괴로움이 따라서 일어난다. 어떤 괴로움도 애욕으로 말미암지 않음이 없을진대 수행인에게 가벼운 번민이 있다면 가벼운 욕망의 침노요, 무거운 고뇌라면 무거운 세욕의 침노일 뿐이다.

명리의 마음은 왜 일어날까?
그 부실함을, 그 허망함을 꿰뚫어 보지 못함 탓이다.

우리에게 진정한 위로, 진정한 평화는 외적外的인 것으로는 불가능하다. 그렇다. 우리가 얻을 수 있는 것, 우리가 느낄 수 있는 것, 우리가 알 수 있는 것, 우리에 있어 실로 그 어떤 것도 현재의 이 주체적 자아(자아라고 했을 때 진정 자아는 벌써 그 자리를 천 리나 벗어났지만) 말고는 모두 이 외적인 것이고, 믿을 수 없는 것이며, 허구이고, 허상이다. 어떤 것도 의지할 수 없고 확고한 것이 아니다.

사람도, 사람의 칭찬이나 존경도, 그 의지도, 사랑도 결코 우리를 평안하게는 못 한다. 불안은 밖에서 오는 것이 아닌 까닭이다. 밖에서 오는 듯싶지만 실은 내적인 자기 욕망이 그 원인이다. 욕망은 밖을 향한 마음이고, 내 마음의 흔들림이며, 나 자신의 갈등이다. 불안은 곧 자신에서 비롯되며 자기의 일이다. 따라서 평안도 자신에서 비롯되고 자기 속에서 이루어져야 한다.

이런 이야기를 듣고도 수좌는 부끄러워하지도 않는다. 너무도 부처님 말씀과 같거늘…. 이런 상식을 상식으로 지닐 수 없다면 그는 지극히 비정상이라는 얘기다. 이런 비정상인 데서 명리심도 일어나고 고뇌도 따라서 생긴다. 이제 정상일 필요가 있다.

그래, 역시 세상사는 티끌이고, 물거품이고, 한갓 깃털인 것이다.
후련한 마음으로 살자.
수좌에게 고뇌라니 차라리 거북 털, 토끼 뿔을 찾지!

세욕이 허망임을 가끔 살피며 살자.

밖으로 치구하는 마음이 적어지면
어지러운 상념도 쉬게 되고
조용히 이 한 가지 일에 관심을 기울이면
거기에 모르는 정열도 고인다.

그래,
고요함 속에 아무 동기 없는
순수한 정열이 있음을 나는 안다.
그 순수한 정열만이
더욱 자신을 순수한 데로, 깊은 데로 이끌며
모든 무기력과 공포와 불안을 제거해 줄 수도 있게 된다.

고요함 속에 안주하고
순수한 정열을 타고 참구해 들어가는 것,
그것이 나의 유일한 길이다.
내가 아는 소로小路 말이다.

선물

1982. 6. 1.

그대들에게 줄 것이
다른 무엇이 있겠는가?

진정한 평화,
넘치는 사랑의 기쁨,
훤칠한 해탈의 자재로움만이
바로 그것 아니던가!

스스로 평화를 성취하고
평화를 말하는 몸짓으로
평화의 말, 평화의 미소로써
그대 위해 길이
평화의 길을 설하리라.

그날에,
안정을 성취한 날에
오로지 하나임을 보는 날에 말이다.

부처의 세계를 여옵소서

1982. 7. 15.

원컨대
속히 저 새로운 세계를 여옵소서.
널리 새 세계의 향기를 퍼트려
속속 새 세계의 문을 여는 자 있게 하오며
새 세계에 대한 믿음
또한 깊고 넓게 퍼지게 하여지이다.

하여
삭발염의削髮染衣한 자
누구나 구도자求道者이옵고
이미 세락을 벗어났거나
진정 벗어나려 큰 원을 세운 자이게 하소서.

청정 승려와 청정 신도가
저 새로운 세계, 불佛을 중심으로 화합하여
깊은 신심을 성취케 하소서.
승단 전체가

곧 새 세계로의 진로進路이며,
빛이며, 법이게 하소서.

부처님, 나의 세계여!

욕망과 청량

1982. 7. 31.

하고 싶은 일과 해야 될 일을 구분할 줄 알고,
해야 할 일을 항시 할 수 있으면 부처라 할 수 있지 않을까?

욕망의 억제란 어려운 일이다. 더욱이 마음의 균형이 조금이라도 무너지면 자제력은 더욱 희미해지고 만다. 욕망을 이기는 것, 곧 자제하는 능력은 안정되고 균형된 마음, 즉 아름다운 마음 상태에서만 가능한 인간의 진실되고 훌륭한 모습이 아닐까?

쾌락은 흔히 도피적인 심리의 사람들이 즐겨 찾는 은신처이기도 하거니와 마취성과 면역성이 있어 보인다. 또한 중독성도 있다.

중독은 쾌락에 빠지는 자신의 비열한 모습에 대한 혐오로 더욱 깊이 자신을 쾌락의 늪으로 빠뜨려 넣음을 뜻하고, 마취는 보리심을 혼미하게 하여 새롭고 맑은 발심의 심호흡을 마침내 멈추게 함을 말하며, 면역은 쾌락에 익숙해져 그것이 부정不淨(불청정不淸淨)이며, 불미不美이며, 고뇌苦惱이며, 혼탁이며, 허환虛幻인 줄을 깨닫지 못하고 그 속에 편안히 거하게 되어 버림을 이른다.

어느 한 여인도 사랑하지 않으나
여인에 대한 욕망은 한이 없다.
잠깐이라도 마음 창문이 열리면
욕락欲樂은 잘도 쏟아져 흐른다.

아, 하늘에 달은 밝고 바람은 찬데
마음속 열기 언제 다하려나….

'허망한 것, 허망한 것', 이렇게 되뇌다 보면 문득 세락이 참으로 허환한 것으로, 부질없는 것으로 느껴지고, 가슴 깊이에서 찬바람이 불어와 마음속 욕락은 자취를 감추고, 시원하고 한없이 상쾌한 깨끗한 기분이 온몸을 휩싼다. 이렇듯 욕망의 불꽃이 기멸起滅함은 선정禪定의 힘이 없는 탓이며 화두가 순일치 못한 탓이다.

이 여름
또 헛되이 보냈거니와
헛것이 모여 또한 좋은 퇴비가 되는 것,
새 가을과 겨울을 향하여 기도나 하자.

오는 가을,

높은 하늘과 그 푸르름을 닮아

깨끗한 한 생각이 깊고 또 깊어지이다.

나무 불….

입방入房의 각오

1982. 11. 29.

며칠 전 해인사에 방부房付 들였다.
언제 봐도 좋은 도량이다.
극락전에 방을 하나 얻고
이 겨울 토굴 삼아 뒷방 생활을 해 볼 심산이다.
이삼 일 방 손질하느라 부산 떨었다.

청정한 무구도량이다.
길이 세속 연 끊고 산문山門 밖이란 쳐다보지도 말고 지내자.
해를 지내노라면 번뇌스러움이 쉴 날도 있겠지.
이러히 좋은 도량이어니 자기 포기를 말지어다.

내년 삼월 십오일 범어사 종신선원終身禪院 낙성식 및 정식 개원일이다. 지효 스님께서 주관하시는 바, 요要는 '모든 필요는 지원해 줄 테니 평생 선원을 벗어나지 않고 공부 성취에 오로지 전념해 주시오.'라는 거다. 시설 수용 기타 나무랄 것이 없어 마음 끌리나 평생이라는 구절이 마음에 걸린다. 허기야 그만한 각오의 스님들을 모시고 싶다는 게 그쪽의 바람일 것이다. 일단 내년 삼

월에 찾아간다고 말씀은 드렸지만 해인사 이 한철 삶에서 결론을 최종적으로 얻어야 될 판이다.

나무 불, 나무 법, 나무 승.
호념護念하사 공부 얻게 이끌어 주사이다.

장애와 공부

1982. 12. 13.

공부하는 데 이런 것이 방해가 되고 저런 것이 걸려서 공부에 방해 없는 곳을 꽤나 찾아온 셈이었다. '이 문제만 해결이 되면, 이 고비만 지나면' 하고 장애 없는 평탄한 시간을 잘도 기다리며 살았다. 그러나 그러한 때도 없었고 장소도 못 찾았다. 그럴 수밖에, 삶이라는 이것이 바로 그대로 장애이며 벽인 탓이다. 어떻게 파랑 없는 바다를 찾을 것인가?

해가 뜨고, 달이 지고, 바람이 불고, 비가 내리는 이 변화. 이것이 바다를 있게 하는 근본이다. 바다는 중연화합衆緣和合의 소생所生이며, 중연화합, 그것은 곧 무상한 변화의 뜻이다. 어떻게 변화 없는 부동의 바다를 바랄 수 있을 것인가?

변화 없는 삶, 물결치지 않는 평탄함이란 우리의 생활상에는 애초에 찾을 수 없는 것이었다. 공부에 장애 없음이란 그 자체가 망상이며 불가능인 것이다.

그렇다면 공부를 성취할 수 없다는 얘긴가? 아니, 그럴 것 같지는 않다. 장애 없음을 찾지 말고 장애 속에서 장애를 초극하려고 노력하는 것이다. 장애 속에서 공부를 지어 얻는다는 것이다. 장애를 없애는 것이 아니라 바로 장애 거기에서 눈을 화두로 향하게 하는 것이다. '장애를 회피치 않는다!' 이것은 아마 수좌의 가장 바른 공부 자세일 것 같다.

東方丈

도반

1982. 12. 25.

모든 장애 — 장소와 시간 그리고 인연들, 그 틈에서 공부를 짓는다는 생각은 공부에 도움이 되는 듯싶다. 우선 번거로운 일에 부딪쳤을 때 흔히 일어나는 짜증과 조바심이 줄어드는 것 같다.

'넘어야 될 파도, 흘려 지내야 될 인연들, 이 속에서 이 일들에 붙들리지 않고 공부 지어야 된다.' 이런 타이름이 순간적으로 지나가고 화두를 생각해 보게 되면 많이 조용해지는 기분이다. 어쨌든 모든 시간, 모든 장소가 곧 나의 도량이며, 입정 시간이라는 생각이 들면 공부할 수 있는 시간이 너무도 많다는 사실, 흘려보내 왔던 시간을 구석구석 채울 수 있음을 알게 된다. 오, 잘해 볼 일이다!

내가 가장 좋아하는 스님이 있다. 그의 조용하고 사려 깊음은 남이 따를 수 없는 천성적 장기長技이거니와 그 진지하고 열성적인 구도적 자세는 이미 수좌계에 널리 알려져 많은 젊은 납자들의 귀감이 되고 있다. 사실 좋은 이다. 어쩌면 나는 그를 좋아한다기보다 좋아하는 도가 지나쳐 정신적으로 그를 의지하고 그에 매달리는 경향마저 있었는지 모른다. 그의 동의가 있고 그의 지지가 있으면 마음이 든든했다. 여러 철을 같이 지낸 셈이거니와 그는 언제나 나의 좋은 협조자이며 지지자였고 힘이 되어 주는 이였다.

그러나 이번 철 같이 지내면서 처음으로 사소하지만 벽이 되는 것을 보았다. 여러 번에 걸쳐 내 선원 운영에 대한 의견을 반대했던 것이다.

몇 가지 대단치는 않은 일이지만 계속된 그의 반대에 부딪힌 나는 약간의 손실과 이익을 얻었다. 그의 비판을 견뎌낼 만한 보다 확실한 선원 운영 방법을 찾도록 조심한다는 사실과 끝까지 자신의 두 발로만 서도록 조그마한 의지와 지지를 구하는 마음 따위도 깨끗이 버리는 일. 그것은 좋은 일이다. 마음속에 언제나 내 편이라는 어린애 같은 꿈이 사라지는 그것은 손실이다.

비판을 두려워하거나 더욱이 회피하려 해서는 안 된다. 비판은 어떤 경우든 대체로 좋은 경책이며, 자신의 판단이라고 항시 옳을 수는 없다. 비판에 의해서 자기판단의 칼날을 더욱 세울 수 있고, 그런 의미에서 나를 비판하는 사람은 새로운 나의 지지자로 간주하여야 한다.

거의 순종이라 해도 좋을 자신에 대한 지지에서 비판적인 입장으로 바뀌는 데 적지 않은 당황함을 느꼈지만, 이제부터야 말로 진정한 좋은 벗으로의 진전이 이뤄진 셈이다. 그의 날카로운 비판은 비단 선원 운영 면에서 뿐만 아니라 나의 인간적인 발전에도 많은 도움이 될 것이다.

구속으로부터 구해 놓기를

1983. 1. 22.

좋은 곳, 좋은 때,
좋은 인연들을 구하지 말자.

곳과 때
그리고 모든 인연이 한갓
허망임을 수시로 살피자.

공부가 아니면
허망한 줄 알면서도 오로지
그 속에 평생을 허덕일 것 아닌가?

오, 노쇠와 병고와 죽음과
이 불안, 두려움의 구속으로부터
벗이여, 확실하게 그대를 구해 놓도록 하라.
참으로, 참으로 확실하게 말이다.

재색의 화

1983. 2. 4.

재색財色의 화禍는 독사에 물리는 화보다도 심하다고 했다.
참다운 정진의 힘이 없으면
만년의 수행자의 모습은
노쇠로 말미암은 빛바램을 면할 길 없거니와,
자칫 탐욕과 진심으로 얼룩진
추한 모습으로 떨어질 염려가 있다.

오, 정신적인 아름다움의 빛을 깨뜨리지 않는 이는 어떤 이일까?
얼마만 한 노력, 얼마만 한 고심이 들어야
탐욕의 늪을 헤어나 한적한 곳에 안주할 수 있단 말인가?

안주

1983. 2. 17.

번뇌는 진정 나이와는 무관한 것이던가?
욕정의 불꽃도 줄지 않았고
명리에 대한 끝없는 탐욕도 예전 그대로다.
몸과 마음을 수도하는 도량에서 잠깐만 떼어 놓아도
천방지축 꺼꾸러지지 않는 곳이 없다.

자신을 탐욕과 욕정에서 지키는 유일한 길은
오로지 도량에 안주安住케 하는 그 길뿐이다.
몸이 우선 안주하고 뒤따라 마음이 안주케 하는 것이다.

몸이 안주한다는 것은 볼 수 있는 일이거니와
마음이 안주한다 함은 어떤 것일까?
말할 것도 없이 화두참구에 간단間斷이 없음이다.
이 한 가지 일에 전부를 건 생활을 영위하는 것이다.

오오!
일체사一切事 털고 이 먹장을 향하여 밀라.

자신을 천박케 하는 온갖 번뇌
부질없는 지금의 이 욕망들이여!
어떻게 이를 벗어날 것인가?

벗어나려 함이 또한 이 욕망이어니
자못 조용히
이 일만을 생각하고
이 일만을 위한 생활을 가지라.

일체 구질구질함을 진정
역겨워할 줄 알라…. 진정.

구도심

1983. 4. 26.

봄을 타는 것인가? 이런저런 일 탓일까?
피로하다.
육체의 노쇠에 또는 병약에 상관없는 자아란
정말 존재하는 것일까?
생사生死를 초탈하는 해탈신解脫身은 정말 있는 것일까?

일발 강타에 넘어지는 KO도 있고,
잔 펀치를 많이 맞고
누적된 충격 때문에 무너져 가는 점진형 KO도 있다.

구도심, 이것은 수좌의 생명이며 처음과 끝이다. 구도심에서 발심출가하고 구도심으로 인욕정진한다. 온전한 구도심에 이르러 자기의 본모습을 보며, 마침내 구도심을 가지고 중생에게 회향하고 육도만행을 성취하는 것이다. 이 구도심이 때로 무너져 내리는 수가 있다. 이 구도심이 KO패일 때 수좌의 생명도 끝나는 것이다.

보는 것, 듣는 것, 일체 세사世事에 관심이 일어날 때 그것은 하나하나가 펀치가 되어 우리의 구도심을 친다. 스스로 관심을 두는 것도 펀치요, 부득이한 사정이 관심을 끌게 하는 것도 펀치다. '이뭣고!' 하는 이 하나의 관심 외 일체사一切事 일체념一切念이 모두 펀치 아님이 없다.

오, 그렇다면 펀치의 숲에 갇혀 있음 아닌가? 어떻게 그로기가 아닐 수 있는가? 우리는 일상사에 시달려 모처럼 갈아 세웠던 발심의 칼날도 날로 무디어 버릴 수 있다. 무디어진 보리심, 희미해진 구도의 염念, 그것 가지고 무엇이 된단 말인가? 무슨 일을 해낼 수 있단 말인가!

오! 초롱초롱해야지.
무디어서 될 말인가?
오, 날도 멀지 않은데
해 이미 기울었는데!

수행자의 사랑

1983. 7. 7.

내가 순수하게 그 처녀를 사랑하는 것은
백번 양보해서 보아줄 수도 있다.
그러나 그것은 순수한 사랑이어야 한다.
순수한 사랑의 의미를 아는가?

소유욕이 아니며, 자기애의 확장이 아니며, 단순한 육욕 내지는 정욕이 아닌 순수한 사랑, 그 사람, 그 자신을 위하고 아끼는 아무 까닭 없는 사랑, 조건 없는 사랑, 그것은 일체감이며 동체同體의 진정한 인식이다. 여래의 대비大悲에 통한다는 얘기다. 그러나 그렇지 못할 경우 자신은 한갓 정욕의 노예이며 야비한 인간의 굴레를 결코 벗지 못할 것이다.

앞으로 어쩌면 열 번의 만나는 기회가 있을 것이다. 속으로 설사 엉뚱한 생각이 오갈지라도 그것은 속만의 생각이므로 부족한 수양 탓으로 돌리고 실제에서는 결코 부끄러운 태도를 보이지 않도록 하자.

도울 수 있는 것은 돕고 그가 건강해져서 병적으로 의지하든 마지막 마음을 거두고 제 발로 걸어 나가는 것을 기쁜 마음으로(아쉬움도 있을 것이나 꾸짖고) 전송해 주자.

이것은 내게 결코 적은 일이 아니다.
왜냐하면 나의 성숙을 말하고 나의 인간다움을 표하는 뚜렷한 이정표 역할을 할 것이 거의 틀림없기 때문이다.

아! 이제
어른스러울 나이 아닌가?
변멸變滅하며 흐르는 세사의 잡다함 속에서
흔들림 없음을 지켜보며 조용히 미소 지을 때가 아닌가?

세정世情의 여린 여울 속에
발목을 걷고 거닐지라도
이젠 옷을 적시거나 넘어질
그때는 이미 지났지 않은가?
이젠 이미
모두 지날 때 아니던가 말이다.

속지 않기

1983. 7. 12.

출가 이십오 년에 정신적인 깊이와 아름다움의 세계를 계발하는 데 성공적이지 못한 이유는 무엇일까? 무명無明 업장業障 탓이리라. 무명이란 사실을 바로 보지 못하는 미혹이며, 미혹이란 욕망에 끌려 자신의 눈을 가려 버림을 말한다. 스스로 속아 사는 것을 왈 미혹이라, 무명이라 이름한다는 것이다.

오늘 같음이 매일 있을 것으로 생각하는 것, 그것이 아마 속는 일일 것이다. 오늘 같은 맑은 날씨, 푸른 하늘, 부드러운 바람, 쏟아지는 햇살 그리고 그 속에서 거리낌 없이 행동하는 이 자유로움이, 이 행복이, 이 생동감이 늘 있는 것으로, 적어도 쉽게 사라져 영영 다시 못 볼 물거품 같은 것으로는 느껴지지 않는 것. 아마 이런 막연한 믿음 속에서 마음 놓음이 속는 일일 것이다.

자신의 말과 행동이 할 만한 것이라고 생각하는 것도 아마 속음이겠지. 이 사람과 다투고 저 사람과 웃고, 이 일을 걱정하고 저 일에 매달리고, 붉다고 느끼고 희다고 느끼고, 이런 분별 저런 지식, 우리의 감관에 의한 모든 인식과 행위가 어쩌면 또한 모두 속임인지도 모른다.

그렇지 않은가?
이 가운데 사라지지 않고 소멸하지 않는 무엇이 있단 말인가?
속이지 않는 어떤 경계가 있다는 것인가?

꿈속같이 사라져
아무리 소리쳐 불러도 찾아볼 길 없는 것,
바로 아까까지 분명하던 것이
한순간에 소멸하여 다시는 나타나지 않는 것,

그렇게 그대를 배반하고
그렇게 그대를 속이는 것들에게
계속 마음을 빼앗겨 있어도 괜찮은 것일까?

후유,
큰 숨 한 번 들이키고
정신 차리자.
시심마是甚麽 심마甚麽오?

현재 하는 공부

1983. 7. 19.

깨달음에 이르기 전에 유혹을 깨끗이 몰아내고 청정한 신심만으로 공부에 임할 사람이 어디 있겠는가? 이미 그런 사람은 공부 다한 사람인 것이다. 공부란 모름지기 지금 현재에 하는 것이다. '이곳을 떠나서, 이 일을 해 놓고, 이 기간만 참아 지내기로 하고 열심히 하자.'라고 하는 것은 항상 놓치는 것이요, 못 따라가는 것이다.

어느 때고 가슴속에 번뇌가 다할 때는 없다. '번뇌가 다하기를 기다려 공부하자(깨끗한 신심으로 몰두한다는 것이 결국 그 뜻이 된다).'라고 함은 오로지 어리석음일 뿐이다.

이 번뇌 속에서 이 끝없는 유혹, 이 아쉬움이 가득한 이 마음인 채로 정진해 가는 것이다. '후유, 후유' 숨을 몰아쉬고, 성내고 기뻐하고 간교하고 탐욕스러운 이 상태, 이 속에서.

삶이란, 범속한 생활인의 삶이란 처음도 거기요, 끝도 거기요, 현재의 뇌고惱苦로운 이것이 삶의 본모습이라. 애욕의 몸부림, 진노의 불꽃에 이글거리는 이것 외에 아무것도 나은 것을 찾을 수 없으며, 있다면 오직 해탈의 세계이며, 깨달음의 경지뿐임을 생각해 보아야 한다.

이 같지 않고, 이처럼 흐릿하고 흔들리고, 애착하고 뇌고로워 하는 이 같음이 아니고, 맑고 깨끗하고, 안정되고 평화로운, 흔들림 없는 고요한 마음, 침착하고 가라앉은 마음, 부드럽고 공손하고 지극히 선량한 마음, 그런 마음의 세계만이 진실이며, 그런 세계에 도달하는 것만이 필요한 것이다. (이런 세계가 있다는 사실을 상상해 보는 것만으로도 얼마나 가슴이 시원한가!) '이런 세계가 있다.'라고 거듭 그렇게 생각해 보고 그런 세계를 추구하는 마음으로 정진을 해 나가는 것이다.

오오, 벗이여!
가슴속에 청풍이 불기를 기다려
닻을 올리려 말라.

먼저 닻을 올리고
노를 저어 나아가고 나아가다 보면
뜻밖에 만리청풍萬里淸風에
본고향 소식을 얻게 되리라.

존재, 변화

1983. 8. 16.

오늘은 여름철 용맹정진이 끝나는 날이다.
끝이 언제나 끝이 아니었지.
끝은 언제나 시작과 더불어 오고
언제나, 사실은 항상 끝이고 시작이었지.
아니, 시작도 끝도 본래 없는 건지 모른다.
있는 것은 다만 변화, 끊임없는 변화가 있을 뿐이지.

변화, 이 의미는 잘 음미해 볼 필요가 있다.
모든 것은 변한다. 존재의 의미도, 일상의 감각적 의미의 존재란 존재할 수 없다. 존재도 존재가 아니다. 다만 변화가 있을 뿐이다. 일상적인 존재의 의미란 어떤 일정 형태의 형상이 어떤 일정 기간 동안 존재해 있을 수 있다는 것이다. 그러나 사물은 어떤 것도 일정한 형태를 보이지 않으며 어느 시간상에도 머물지 못한다. 말하자면 존재하는 것이란 사실상 아무것도 없다는 것이다.

존재하는 것은 변화뿐이다.

지리산

1983. 11. 29.

모친을 제주도 동생에게 모시도록 해결이 된 일은 지난 산철 동안의 가장 큰 수확이다. 그토록 가지 않으려 고집하시던 것치고는 퍽 마음 편히 잘 지내시는 듯싶고 동생 부부가 원래 좋은 이들이라 나로서도 아주 마음이 놓인다.

해인사를 떠나 천은사에 오게 된 일도 마음에 드는 일이다. 열 명 이내의 대중이 지내는 큰방 생활이라 해인사를 생각하면 그대로 토굴 살림이다. 오붓한 결제를 하고 신심을 내볼 참으로 있다. 이곳은 참으로 신심을 내지 못할 아무 이유가 없다. 게으름을 제외하면 말이다.

오랜만에
어머니 품속 같은 지리산에 왔다.
젊은 시절 그토록 고뇌하던 곳,
이제 다시 그 괴로움을 깊이 씹으며 살 거다.

오! 수좌여.

모든 정열,

속되고 헛된 정열의 모든 무늬를 지우고

담박하게 하나로 살자.

욕망의 인정

1983. 11. 30.

수도의 길을 버릴 수는 없으나 속된 욕망도 버려지지는 않는다.
'욕망을 버리자.'라고 결심한들 버려지는 욕망도 아니다.
욕망을 욕망으로 이해하고,
욕망이라고 관찰하고, 욕망으로 대하는 태도가 중요하다.

뭔가 욕망이 허망하고, 욕망이 덧없음을
그래도 조금은 눈치채고
조금은 인정하는 바가 없지 않기 때문이다.
욕망으로 지켜보노라면, 한갓 헛된 욕망이라고 이해되면
욕망에 의한 결박은 스스로 풀리게 되어 있기 때문이다.

정신 바짝 차리고 누구라도 경계해라.
오, 꿈같은 세월 속에
싹을 키울 단비는 얼마나 내리려나?

푸른 뜻이 꺾이고

황야를 지나 늦도록

집 없이 헤매기만 하는 나그네.

그때 가서 스스로 머리를 쥐어뜯어도 늦으리.

늦으리라.

쾌락에 대한 사혜

1984. 1. 16.

쾌락이라는 것은 낙다운 낙도 아니며
의외로 대가가 너무도 비싼 것이며
순간순간에 지나가 버리면 결과는 고통뿐,
무력하고 노쇠한 눈초리로 껌뻑대며
입도 못 떼고 쓰러져 갈 뿐이다.

육체와 정신의 노쇠에 따른 고통의 시간들이
바로 눈앞에 다가선 급박한 상황을
놓치지 말고 바로 보아야 옳다.
욕락에의 참다운 단념은
일념 순일한 속에서라야만 가능한 일로 믿어지나
빨리 공부에 나아가기 위해서 사혜思慧를 동원함도 방편이다.
가끔 돌이켜 살펴보고 가슴속에 청풍이 불게 할 것이다.

이 봄, 이 봄이 어쩐지 목이 될 것 같은 느낌이다.
이 봄을 수행자다운 절개와 인내로써 잘 정진해 내면
아마 반드시 뚜렷한 공부인의 뜻을 얻을 것이다.

정진의 기쁨

1984. 2. 4.

중 같은 마음이란 외부가 아닌 내부에서, 타他에 의해서가 아니라 자기에 의해서 안정되고 깨끗한 상태로 머무는 것을 말한다. 우리의 의지처를 자기 내부에서, 자기 자신에서 찾을 수 있는 이라면 저절로 모든 번뇌에서 벗어날 수 있을 것이다. 그래서 모든 애욕에서, 모든 탐착과 진로에서 벗어날 수 있으면 그는 진정한 출가를 이룩한 사람인 것이다.

즐거움은 외부에 있다고 모두 믿는다. 아름다운 것을 보고 듣고, 다른 이와 더불어 어울리고, 그들의 사랑과 인정을 받고, 이런 모든 것이 우리의 생활을 이루거니와 이런 생활 속에서 우리는 즐거움을 느낀다. 우리의 감정은 인식의 대상이 되는 모든 것을 느끼고, 즐거움은 오로지 그 속에만 있어 보인다. 그러나 인식의 대상을 자기 자신, 즉 인식 그 자체로 삼았을 때 거기에도 한없이 많은 것이 있다는 것은 거의 믿을 수조차 없어 보인다.

객관의 모든 사물은 쉴 새 없이 움직인다. 그래서 그를 대상對象하는 우리의 인식 활동도 늘 움직여야 한다. 그러나 주관인 자기 자신을 대상할 때 인식하는 그 주체 자체는 움직이는 것이 아니므로 그를 대상하는 우리의 인식 자체도 또한 활동적으로 움직일 수는 없는 것이다.

이것이 내부와 외부의 차이이다. 외부 세계와 그에 속한 생활은 흔들림이다. 내부와 그에 따른 생활은 반대로 고요함이다. 이 고요함 속에, 고요함과 고요함으로 나아가는 그 과정 속에도 숱한 많은 것이 있다. 아름다움과 맑고 깨끗함과 즐거움과 그리고 분명한 마음이, 지극히 안정된 마음이 있는 것이다. 만일 깨달음에 나아가면 이 객관의 흔들리고 천차만별인 상像이 또한 내부의 흔들림 없는 세계에 속한 모습이라 한다. 흔들림이 본래에 흔들림 없는 것이라는 것이다. 즉 외부 세계 전체가 내부 세계 속에 존재한다는 것이다.

아니, 외부 세계 자체의 본질이 바로 내부 세계라는 얘기이다. 그러나 그런 깨달음의 경지가 아니더라도 내부 세계 속에 또한 즐거움이 있다는 것을 알고, 믿고, 또 스스로 체득해서 실현하는 일은 가능하고, 우선 필요한 일이다.

벗이여,
정진이 기쁨인 것을 아는가?

보다 깊은 정신세계 속에
우리의 주옥같은 아름다움들이,
사랑과 안정, 자유로움 등
숱한 즐거움이 있음을 아는가?
숱한 쾌락이 자리함을 믿는가?

자기 성찰

1986. 2. 24.

자기 자신과 대화를 나눈다는 것은 좋은 일이다.
조용히 자신을 지켜보는 동안에 자신의 여러 모습을 보게 되고,
새삼 놀라기도 하고, 감탄하기도 하며,
깊은 연민을 느끼게도 된다.

때로는 대단한 용기가 필요할 만큼
지켜보기에 역겨운 추한 모습을 드러내기도 한다.
그러나 그럴수록
오히려 자신과의 대화는 더 필요한 것인지도 모른다.
말없이 자기 자신과 마주하고 앉아 애정을 가지고 지켜보는 일은
곧 자기 성찰이며 자기 이지理智의 계발이기 때문이다.

자신에 대한 이해

1988. 8. 14.

공부에 대한 의지가 너무 약한 것 같다.
조금만 변화가 있어도,
건강상에나 인간관계에 있어서나
약간의 문제만 생겨도 지장을 느낀다.
이것은 자신의 실정을 전혀 이해치 못하는 데서 생기는
일종의 게으름인 것 같다.

인간의 삶에 있어서
해탈을 생각한다는 일 자체가 얼마나 희소한 일이며,
주어진 시간이라는 것이 또한 얼마나 잠깐인지를,
이 몸으로 영위하는 삶 전체가 얼마나 부서지기 쉬운 것인가를
전연히 제대로 이해하지 못하고 있다.

그렇다. 잘 알고 있는 바대로 장애 없는 시간이란 있을 수 없다.
바로 그 장애로 번민하고 마음 써야 하는 그 시간이
내게 주어진 공부 시간이다.
공부에 대한 의지를 새삼 새로 다져야겠다.

나의 바람

1988. 9. 4.

범속한 한 사람의 승려로 대중 속에 묻혀
규율 따라 앉고 서고 먹고 자며
때로는 일하고 때로는 참선하며

간혹 큰스님이 와서 법문을 하면
그가 비록 옛 도반이며 한갓 동생 같은 사람이었을지라도
이제 그가 법에 대해서 설한다는 사실만으로도 놀라고 존경하며
그 법문이 유려하고 깊이 있고
도무지 들은 적이 없는 초유의 법문이라고
감격해 마지않은 그런 사람. 그런 순수한 사람이 되고 싶다.

하늘이나 땅, 그가 처하는 온 세계에서 아름다움을 보고,
만나는 모든 이에게서 사랑을 느끼는,
질투도 없고, 비교도 없고, 불안도 없고, 흔들림도 없는
바다 같고 허공 같은 사람이 되고 싶다.
되고 싶은 아무 소원도 없는
바위 같은 그런 중이고 싶다.

쉰하나

1989. 2. 6.

쉰하나,

좀 불안하다.

육체가 하고 싶은 만큼의 공부에 뒷받침될 수 없지 않을까?

그렇더라도 별수도 없는 것 아닌가!

하는 거지.

허지만

결코 겁약하게 굴지는 않을 거다.

부러질 때 딱 부러지더라도

육체에, 환경에, 삶에 더 매달리는 일은 없다.

그래,

이제 더 속지는 않을 거다.

용기

1990. 1. 18.

화두의심이 잘되다가
갑자기 늪에 빠진 것처럼 힘이 없어지곤 한다.
수마의 침범에 의해서 그리되는 수도 있고,
그냥 정신적인 나태라고 할까, 무력감이라고 할까….
이런 경우 가장 좋지 못한 점은 자신 없음이다.

'야, 도무지 안 되겠구나. 난 틀렸는가 봐!'
이런 생각이 들면 마음이 몹시 불안해지고 안정이 안 된다.
정말 공부 못할 것 같은 생각이 드는 것이다.

요즈음 내게 있어 가장 가치 있는 덕목은 다름 아닌 용기다.
용기 있는 마음만이 새롭게 자신을 정비하며, 새롭게 도전하며,
그리고 계속 도전함을 쉬지 않는 것이다.

그렇다. 계속되는 도전.
그것이 수좌의 삶이다.

두려워 않고, 분노(미망에 대한 분노이며, 무상한 세속에 대한 분노이며, 겁약해지는 자기 자신에 대한 분노)를 안고 깊이 도전해 들어가는 그것이 바로 수좌다.

용기가 있어야 한다.

맹리

1992. 2. 28.

지난겨울은 만족할 만한 철은 못 됐지만 공부에 대한 의지는 상당했다. 곧 잡힐 듯싶은 공부가 아직 잡히지는 않지만 이 봄이 가기 전에 손에 들어올 듯싶다. 젊은 시절 타성일편打成一片을 이룬 경험이 있어 대체로 진행되는 자신의 공부를 짐작하게 한다.

하찮은 망상에 끌려 좀 더 맹리猛利하게 파고들어야 되는 일을 하지 못하게 되곤 한다. 그럴 때 '나는 하근기가 돼서, 또는 업장이 두터워서 간절한 신심이 부족한가 보다.'라고 생각하기 쉽지만 내 생각은 다르다.

맹리함과 간절한 정진심은 나의 심성에 갖추어져 있는 덕성이므로 어느 단계에 나아가면, 즉 정신 집중이 어느 정도 이루어지기 시작하면 저절로 일어나는 예비되어 있는 과정이다. 게으르고 집중되지 않는 것이 지금이라면, 조금만 더 참고 노력하면 점차 맹리해지고 열심히 하게 된다.

조사의 난행고행難行苦行이 다 그들의 경계가 진보되었기 때문에 나타나는 당연한 행동들이다. 대근기大根機라서가 아니다. 우리도 마음을 두어 참고 나아가다 보면 스스로도 놀랄 만큼 용맹스러워지고 참을성 있고 또 날카로워진 자신을 발견하는 것이다. 이 말은 추리나 추상이 아니고 약간의 공부 경험으로 하는 말이다.

파도 같은 정진

1996. 1. 6.

정진은 애씀보다는
마음이 가닿는 곳,
가늘고 예리하게 파고드는 듯한 느낌이 있는 곳,
아픔 같은 그런 느낌이 있는 곳,
그곳이 중요해 보인다.
그곳이 힘을 얻을 수 있는 곳이며 화두 그 자체인 것 같다.

정진력이란 지금 내게 파도처럼 나타난다.
한번 밀려오고 기다렸다가 다시 또 밀려오고,
망상은 결코 공부를 장애하는 게 아니라는 생각이 든다.

정진도 실로 지금 수준에선 망상에 지나지 않는다.
노력에 비례해서
거의 무의식에 가까운 저절로 일어나는 숱한 상념들 속에
화두 의념疑念이 심어져 가고, 심어진 정도에 따라서
다른 상념들 속에
자기의 모습을 드러내는 정도가 빈번해져 간다.

화두, 절망, 화두

1996. 2. 5.

며칠 전에는 공부가 하도 안 돼서 죽음에 대해서만 생각했다.
나이 탓인가 싶기도 하고 근기 탓인가 하는 생각도 들었다.

공부를 할 수 없구나 싶은 절망감이 들자
딱하게도 내게 주어진 길이 죽음뿐인 것 같았다.

생각하다 화가 치밀었는데 그 화가 마음을 진정시켜 줬다.
화두가 들렸기 때문이다.

의정

1996. 2. 11.

화두는, 의정疑情은 내게 있다.
그것이 큰 힘을 갖고 있지는 못하지만 별다른 장애가 없는 한, 즉 수마나 심한 망상이 지나는 일정 시간 이외에는 화두를 들려 하고 있거나(노력) 화두(의정)가 있다. 그리고 그것은 점차적인 향상을 꾸준히 보여 주고 있다.

의정은 나의 내심 깊은 곳 어디엔가 자리 잡고 있는, 따로 살아 있는 물건 같다. 아무리 급히 끌어내고 싶어도 뜻대로 안 된다. 그것은 마치 자기 의지가 있는 물건처럼 애를 쓰다 보면 어느 땐가 스스로 모습을 보이곤 한다. 아무것도 그놈을 붙들 끈은 없어 보인다. 전체적으로 화두의 참뜻을 알아보자고 애를 쓰는 바로 그 노력에, 스스로 마음이 내키면 화답하듯 슬며시 고개를 내민다. 애쓰고 또 기다리는 도리밖에 딴 방법은 없어 보인다.

비로굴을 떠나다

1996. 7. 15.

비로굴毘盧窟에서 십이 년 만에 비로소 자리를 옮기기로, 올겨울 결제부터는 백장암으로 옮겨 살기로 작정한 마지막 여름 결제인데 모든 게 한심하고 암담할 뿐이다.

젊은 수좌들이나 주변의 대부분의 사람들은 나를 자신 있고 똑똑한 사람으로, 공부에도 그 오랜 경륜으로 보면 일가를 이루었을 사람으로 그렇게 생각하는지 모른다. "강해 보인다."라는 말을 가끔 듣게 되는 이유도 그래서 그렇다 싶다.

그러나 실상은 그와 얼마나 다른가? 얼마나 힘들어하고, 자신 없고, 처처에 상처 입고, 자기 자신을 지탱하기에도 힘겨워하는가? 지금도 가끔 자살을 생각하고, 어쩌면 머지않아 자살이나 자살 비슷한 종말을 맞게 되지 않을까 하는 비참한 생각을 하곤 한다.

나이 탓이라고 생각되는 건망증을 자주 경험하면서 또는 여타의 감각 기관의 둔화(노화)를 보면서 이렇듯 서서히 다가오는 노쇠는 결국 금생에서의 공부 성취를 불가능하게 하는 것이 아닌가

하는 생각이 오랫동안 나를 두렵게 하기도 했다.

이런 상황에서 대중처소로 간다. 실제의 내 모습과는 다른 대단한 존재로 과대 포장하고 잔뜩 기대를 하고 기다리는 숱한 젊은 눈들, 속일 수 없는 눈들 앞으로 간다. 그리고 이어 실망과 분노를 일으키고 나아가 연민과 경멸의 감정까지도 갖게 될 냉엄하고 차가운 존재들 앞으로 간다. 실로 두렵다.

공부, 갑갑해 죽겠다. 어디라고 마음 붙일 곳이 없다. 이젠 영 안되는 게 아닌가 하는 마음이 일면 가장 절망스럽고 고통스럽다. 해서 알 수 있는데, 공부에서는 가능성에 대한 확신이 바로 가장 큰 공부 성취라고 할 수 있겠다. 힘들어 죽겠는데도 예전과 비교해 보면 진보된 느낌이 드는 것은 이게 어찌 된 것인지 모르겠다. 정말 진보처가 있는 것인지, 착각일 뿐인지.

온 세상이 나무라도
경멸하고 박해를 가해도
적명이는 멈추지 않을 것이다.

쓰러지고 부서지고

차라리 미칠지언정
스스로 그만두지는 못할 것이다.

이루지 못할지라도,
진전이 도무지 없을지라도!

상과 정

1997. 1. 22.

육체적, 정신적 노쇠 현상의 불안한 모습들에도 불구하고 며칠 전부터 공부가 안정 국면에 들어섰음을 느낀다. 공부 성취의 가능성에 대한 믿음이 생겼다고나 할까. 물론 아직 공부를 얻지는 못했다. 그러나 불안과 의심은 엷어진 것 같다.

상想과 정情 얘기는 『능엄경』에 중생의 업에 따라 보報를 받는 얘기 가운데 나오거니와 공부를 짓는 속에도 그 두 가지 방향성이 있음을 본다.

정情의 방향이란 한번 의심하고는(한번 들고는) 의심처가 명료하지 않더라도 한번 의심한 여력이 조금이라도 남았으면(의심의 기분이 잔존하면) 그대로 밀어붙이는 심정을 말한다. 상想의 방향이란 발을 멈추고 의심처를 명료하게 하려는 의식의 노력을 말한다.

의심처를 명료하게 하려는 것은 사념처思念處이며, 분별처分別處이며, 따라서 정심定心을 정면으로 방해한다. 그냥 밀어붙인다는 것은 곧 정심에 통하기는 하나 의심처의 명료성이 곧 떨어져 그대로 밀고 나아간다면 화두가 아닌 관觀 수행법이 되고 만다.

그러나 두 가지 방향이 다 유효해 보이며 경험하는 공부 경계가 조금 차이가 날 뿐인 것 같다. 정情의 방향은 정심을 이루어 가는 가운데 불각不覺 중에 의심처가 분명해지기 시작한다는 것이고, 상想의 방향은 명료해지는 의심처에 의정이, 정말 알고 싶어지는 의심의 감정이 생기기 시작한다는 것이다.

방향을 잡지 못하고 방황하는 것은 시초의 얘기이며, 화두의 지시하는 바 의심처를 이해하고 그 진정한 의미를 추구하는 노력이 지속되어 어느 정도의 안정권에만 들어도 정情과 상想은 하나의 심상이며 일념一念일 뿐이다. 안정권이란 화두에 지속성인 정情의 모습과 의심처인 화두의 의미, 상想이 선명하게 느껴지는 곳이고, 아직 순일하지는 않지만 어느 정도 익숙해 있어서 앉아서 찾으면 어렵지 않게 의정이 앞에 나타나는 것이며, 노력하면 점차 일편을 이룰 수 있다는 공부에 대한 믿음이 생기는 곳을 말한다.

생각해 보면 정상情想은 곧 정혜定慧이며 체용體用의 다른 모습, 즉 제6식 중의 변용에 지나지 않는다 싶다. 그전에 효봉 스님이 무자無字를 간하되 "'왜 없다 했는고?'라고 하지 말고, '무無라 무

無라'고만 반복하라."고 하시더라는 말을 듣고 효봉 스님을 의심했었는데 결코 잘못된 가르침이 아니라고 이해가 된다.

화두의 내용을 이미 잘 이해하고 있다면 그 해답을 찾는 방도로 마음을 무無라는 한마디에만 잡아매 두는 것은 마음의 예리함과 밝음을 믿는 소치로 마음이 밖으로 치달음을 쉬고 한마디 무자無字로 돌아서는 순간 무無의 내용과 의미가, 그 깊은 의심처가 단박에 확연해질 수밖에 없을 것이기 때문이다. 단박에 의정이 튕기듯 솟아올라 성성적적惺惺寂寂 여여부동如如不動한 의단독로처疑團獨露處를 바로 이룰 것이 틀림없다. 소위 정情의 방향의 참구 양상이다.

현재 나의 방향은 정적인 방향이 때로 섞이기는 하지만 의심처를 분명히 하고 그 밑받침을 정情이 해 주기를 바라는 식의 상想적인 양식이다. 상想을 따라 정情이 일어나면 가슴속에 찡하게 와닿는 것이 느껴진다. 의정이 마치 슬픔인 양, 아픔인 양 가슴을 치는 것이다. 치는 것, 이 찡한 것, 그것을 정情이라 얘기하는 것이다.

앞으로 가라

1997. 4. 19.

수좌여 가라!
앞으로, 앞으로 가라!
정신적인 것, 육체적인 것 다 모아
저 죽음의 구멍을 향하여 달려라.

죽음만을 생각하고
일체를 버리고 가라.
이 세상에 오직 죽음밖에 없다는 듯이.
죽음, 죽음밖에!

지혜의 검을 갈라

1998. 9. 8.

내게 빛나는 검劍이 있지만
왜 그리도 쉽게 녹이 나는가!
갈고 닦기를 거듭
파랗게 날을 세워두라.

마침내 쫓아가
마魔의 머리를 날리고
너와 모든 이웃의 계박繫縛을
시원스레 풀어 버릴 때까지.

가슴속 끈끈함을 베어 버리고
시리도록 맑은 바람 가득히
안아 올릴 때까지.

육십의 결사

1998. 10. 10.

며칠 다녀와서 한 삼 년간 결사라도 할 양 들어박혀 있을 생각이다. 신도나 도반, 기타의 인연들 찾아오면 몰라도 찾아 나서 만나는 일은 없기로 했다. 공부에 대한 신심이 많이 고조되어 있어 정말 한번 매진해 보고 싶다.

육십은 노년기에 들어서는 나이이기도 하지만 또 다른 의미에서 인생의 전환점이 될 것이 틀림없어 보인다. 바야흐로 중 같은 삶의 시작이며 맑고 고요한 수행자적 삶의 확립이 될 것이다.

정신적으로나 외형적 삶의 형태에서 아마 방황이 끝나고 안정된 모습, 욕망의 거친 물결을 건넌 소박함과 자족하는 모습을 보일 것이다. 희망사항도 아니고 단순 예측도 아니다. 지금 느낌으로서는 이것은 하나의 확신이다.

삼 년이란 시간 설정은 시작의 의미이며, 더욱 깊이 칩거해 들어가며 가라앉는 삶이 될 것이다. 만일 이런 일에 장애 받는 일이 있다면 아마 그것은 죽음을 의미할 것이다.

간절함의 반성

1998. 11. 10.

여름 쓰던 갓방이 외풍이 있어 이웃한 가운데 방으로 옮겼다.
추위를 대비한 모든 준비가 끝났고 각오도 끝났는데
마음속 깊이 끓어오르는 간절함이 없다.
이십여 일 세연世緣의 시간이 마음의 날을 망쳐 놨는가 싶다.

스승 연, 어른 연 하는 마음을 경계함이 좋겠다.
나이 많고 승랍과 선방 경력의 많음으로 해서
젊은 수좌들은 혹은 깍듯하게 대함이 있지만
그것은 연장자, 단순한 선배라는 의미 이상의 아무것도 아니다.

선배가 선배답지 못함을 부끄럽게 여길지언정
어른 연 해서 아는 체하고 가르칠 바가 있는 양
스스로 착각하는 것은 꼴불견에 속한다.

생사고

1998. 11. 24.

예와 격식이 있으면 어떻고 없으면 어떤가?
가고 오는 가운데
화두는 있는가?

생사고生死苦와 생사에서의 탈출이
그대 가슴 깊은 곳에
자리하고 있는가?

자못 고苦의 이해와
고의 두려움이 그대에게 있다면
태평양을 건너간들
무슨 상관이 있으랴!

환갑

1999. 3. 23.

올해 환갑이다.
노인이기를 몸과 마음이 거부하고 있지만
세월은 고집스럽게 다가선다.
공부가 이제 옛 득력처得力處에 이르렀는가 싶었는데
또 힘든 늪에 빠졌다.

몇 고비를 넘긴다는 말이 있는데 이를 두고 하는 말인가?
정신세계의 업습業習의 끈질김을 새삼 깊이 느끼는 지금이다.
큰 어떤 반복이 있는 것 같다.

전체적으로는 나아지고 있지만
부분적으로는 순조로움과 그렇지 못함이 계속 반복된다.
서둘지 않아야 된다.
침착하게 핵심을 놓치지 않고 있으면 그만이다.

공부 속도

1999. 7. 11.

여름 결제의 반 살림이 되었다. 대중적으로 등산하는 날인데 피곤하다는 핑계로 안 갔다. 대중과의 접촉 기회를 줄이고 싶기 때문이다.

수좌가 공부 안 된다는 생각을 하게 되는 가장 큰 이유가 속도 측정의 착오에 기인하는 것 같다. 완행열차를 타고 가다 앞지르는 급행열차를 보노라면 갑자기 타고 있는 차가 뒷걸음질하고 있는 듯한 착각에 빠지는 수가 있는데 바로 그 같은 현상이지 싶다.

실제의 공부 속도는 매우 느린 것인데도 자신의 공부에 대한 예상 속도 내지는 기대 속도가 너무 빠르기 때문에 마치 공부가 퇴보하는 듯한, 아주 깊은 늪에 빠져 버린 듯한 절망감에 휩싸이곤 하는 것이다.

지금의 견해는 공부에 대해 아주 포기하고, 아주 놓아 버리지 않는 한 공부의 퇴보란 없다는 것이다. 이 같은 해석은 근래 십여 년간 늘 공부가 향상되는 듯한 느낌을 갖고 있었던 것에 대한 설명이 되고 지금 또한 향상된 듯한 느낌이 있는 것에 대한 설명도 된다.

좀 더 열심히 하고 싶은 것, 그것이 곧 공부이며, 자신이 매 순간 염착하는 이런저런 세사의 부질없음을 거듭 느끼고, 거듭 떠나고자 염원하는 것이 바로 공부이다. 거듭 떠나보내도 계속 돌아오는 것을 중생의 깊은 업습이라 하는 것이고, 거듭 돌아와도 더욱 열성스레 느끼고 떨쳐 나가는 것, 그것이 바로 정진 아니겠는가?

> 떠밀리고 밀려 바다의 한복판에까지 이르더라도
> 다시 뱃머리를 돌려 강의 근원을 향해 저어 오르는 자,
> 이런 자라면 도道 이루지 못할 것을 근심해 무엇 하겠는가!
> –『선요禪要』

공부의 기복

1999. 7. 17.

새벽 2시. 불안과 초조가 엄습해 지나간다. 며칠 전 공부가 득력처의 권역에 이르렀다고 일기장에 적어 놓고 싶은 심정일 때와 너무 대조적이다.

공부의 기복起伏도 기복이지만 같은 정도의 공부 경계인데도 처음은 새롭고 대단한 것으로, 얼마 안 되어 더욱 새로움이 없으면 시들, 그러고는 별 볼 일 없고 지루한 상황으로 느끼는 그런 감정의 기복도 끼어 있는 듯한 느낌이다.

선근善根이 있어 한꺼번에 쑥쑥 키워 버리는 이도 있겠지만 내게 있어 이 공부란 들쑥날쑥함이 한없이 반복되고, 그러고는 조금 나아지고, 그렇게 한없이 힘든 물건이다. 오늘 같은 날은 공부가 참 버겁게, 힘겹게 느껴진다.

적명이여, 기억하라.
그대의 생의 빛남을!

앉아, 한 번 화두 들리는 일 없고
잡사에 염착하는 어리석은 망상,
오직 망상으로 일관하는 생이라 해도
포단 위에 단정히 앉아
'뭣고?', '이뭣고?' 하면서 사는 삶
그것은 바로 부처님의 삶이어라.

그것은 그 이상 없는,
비슷함도 없는
최고, 최상의 삶임을 기억하라.
오, 벗이여!

의식의 그림책

2000. 1. 19.

의식의 세계는 마치 그림책을 펼쳐 놓는 것 같아 보인다.
한 번 펼쳐지면 보이는 전부가 거기 눈앞을 가로막는다.
그것 말고는 다른 그림이 없다.

그 그림을 보느라고
그 앞에 혹은 뒤에 또 다른 그림이 놓여 있음을 잊어버린다.
다만 한 장의 그림일 뿐인데
주어지는 자기 세계의 전부인 양
불안해하고 좌절감을 느끼기도 한다.

다만 가벼운 하나의 망상일 뿐인데
자신의 전 의식세계인 양 착각하고
무겁게 벗어날 수 없는 큰 구렁처럼 여겨질 때가 있다.
문득 의식의 장이 넘겨지고 나면
그때야 비로소 그렇지 않음을 깨닫는다.

선지식의 공부거리

2000. 1. 28.

『종용록從容錄』에 혜홍慧洪 각범覺範의 관음찬송을 소개했다.

민아심명력불태憫我心明力不迨
시시종자발현행時時種子發現行
여인인주이발광如人因酒而發狂
계음첩복봉가온戒飮輒復逢嘉醞

내 마음 밝음이 열악함을 민망히 여기노니
시시로 종자가 현행을 일으키도다.
마치 술로 인해 발광한 사람이
술을 끊으려는데 더 좋은 술을 만남 같도다.

각범은 대혜大慧와 연대를 거의 같이하는 분으로서 저서도 많고 황용파 진정眞淨 극문克文 선사의 사법嗣法이다. 『종용록』에도 그의 송頌이 많이 인용되고 있지만 『염송拈頌』에서도 많이 보여서 그의 명성을 짐작하게 하는 유명한 분이다.

고승의 이런 게송은 충격적이라 할 내용으로 고금의 선사들에 대한 생각을, 특히 한국의 근대 선지식들에 대한 평가를 달리하게 만든다. 깨달았다 해도 그토록 심한 갈등을, 욕망의 유혹을 느낀다 말인가? 선지식들의 쉬지 못한 이런 모습은 사람의 잘못이기보다 법의 문제라는 생각이 든다. 법의 문턱이 사바의 수준으로는 너무 높아 있는 것이다.

설사 거친 행동의 모습을 드러내지 않는 이들이라 하더라도 시시로 느끼는 내면의 갈등이야 그들이라고 어쩌겠는가? 그런 점에서 자신의 내면을 서슴없이 토로하는 각범 스님은 용기 있는 선지식이라 칭찬할 만도 하다.

적멸에 안주할 때

2000. 2. 4.

환갑도 지난 진갑에 이른다.
바야흐로 겨울을 맞을 때가 됐다.
적멸寂滅에 안주할 때가 된 것이다.

어제 또 그가 불쾌한 짓을 했지만 쉬어 버리기로 했다.
우선 그는 자신의 행위가 나를 불쾌하게 한다는 사실을,
예의에 어긋나는 행위라는 사실 자체를 모르고 있는 듯하다.
그로서는 아마 최상의 예우를 갖추느라고 애쓰는지 모른다.
태도를 보면 나름 많이 조심하려 한다는 것을 알 수 있다.
설사 짐짓 무례코자 한다 한들
시비하는 게 무슨 이익이 되겠는가?

아마 여기에, 이곳, 보고 듣고 느끼는 이곳에
뭔가 큰 오해가, 큰 착각이 놓여 있는 듯하다.

느끼게 하고 보게 하는 뭔가가 실재한다는,
내가 있고 나 아닌, 내 기분을 건드리는 다른 놈이 있고,

다른 놈이 활개 치는 이 세상이 실재한다는 그런 착각이,
근본적인 잘못이 여기 앞에 있는 듯만 하다.

아! 이 답답함이여! 이 미망이여!

화두의 단속

2000. 2. 11.

화두가 들리기는 하는데 단속斷續(끊어지고 이어짐)이 심하다. 순수하게 지속되는 시간이 오 분을 넘지 않는 듯하다. 물론 곧 다시 들리기는 하지만 의정이 생겼다 다음 순간 사라져 버린다. 길어서 오 분이다. 아직 공부 길에 들어섰다고 말할 수 없을 것 같다.

그런데도 상당한 공부가 있는 듯한, 자리가 잡혀 있는 듯한 느낌이다. 아마 곧 다시 들 수 있는 것, 그것 때문인 것 같다. 그것은 공부의 분위기를 잃지 않고 있다는 뜻이고, 그런 것이 공부를 지속하고 있는 듯한 기분을 갖게 하기 때문인 것 같다.

그렇다면 공부에 세 단계의 차별이 있음을 알겠다.
애써도 화두가 잘 안 들리는 상태.
화두가 들리되 단속이 있는 상태.
단속이 사라져 고요히 지속되는 상태.

이 고요히 지속이 되는 상태는 '공부를 얻은 상태'라 하며, '생력처省力處 득력처得力處(힘이 덜 드는 곳이며 힘을 얻는 곳)'라 하며, '불

거자거不擧自擧(화두를 들지 않아도 저절로 들림)'라 하며, '경계급신심境界及身心(경계와 몸과 마음)이 전과 같지 않다.'라고 하는 것이다.

십 년 전 일기를 봐도 "공부가 근래 최상이다. 의정이 잡힌다."라고 했다. 공부가 잘되고 있는 듯한 느낌이 들었었다. 지금도 그렇고. 그런데 향상처向上處란 게 지금 이 모양이다. 어떻게 된 건가? 거짓을 말했는가? 성장이 매우 느림인가?

생각건대, 비로굴 십여 년의 공부는 여러 반연이, 사람과 일이 공부의 진전을 장애했던 것 같다. 신심이 고조될 기회를 늘 자주 거듭 꺾어 버리곤 했던 것 같다. 스스로 잘못 느끼고 있었을 뿐이다. 회중에 나와서 삼 년 여, 여러 가지 면에서 훨씬 나아졌지만 공부의 한 경계를 뛰어넘지 못하고 있다. 지금 고조되고 있는 공부에 대한 열의를 보건대 다만 시간이 좀 더 필요한 듯하다.

옛 스님들은 거의가 이십 대, 삼십 대에 일을 해 마쳤다. 육십 대에 이르러서도 공부를 제대로 지어 얻지 못하고 그러면서도 시간이 좀 더 필요하다고 하는 사람은, 글쎄, 정말 지어 얻을 사람인가 아닌가? 얼마나 허황한 업이 많았으면 사십 년이 넘게 매달렸어도 혼산昏散(혼침과 산란)을 어쩌지 못하는 것일까?

나 같은 사람이 공부를 지어 얻고 마음이 열려 해탈을 성취한다면 세상 사람들 모두가 안심해도 좋을 것이다. 이토록 오래 해도 안 되는 사람, 못 하는 사람, 번뇌와 집착이 많은 사람, 그런 사람이 이루는 일이라면 이 세상 누구라도 해서 안 될 사람 없음이 너무도 충분히 증명된 셈이기 때문이다.

모든 사람 안심시키기 위해서라도 이 일을 꼭 마쳐야 되는데….

천 개의 칼, 만 장의 얼음

2000. 7. 2.

이곳 식구들의 사는 모습은 모르는 결에 미소를 짓게 한다. 해제만 하면 해외여행이다, 도반들과의 약속이다, 바쁘다. 차를 가지고 도량에 늘 주차해 놓는 친구도 있다. 정진 시간을 겨우 지키면서 차를 마신다, 포행을 같이 한다며 많은 시간 얘기하고 보낸다. 공사하는 차 소리가 시끄럽다고 오늘도 오후 자유 정진이다. 대부분 다른 선원의 가풍을 그대로 따르는 셈인데 구참久參들이라고 한술 더 뜨는 것 같다.

그런데 이와 같은 해이한 분위기에 대해 이 사람들이 전혀 부끄러운 느낌을 갖지 않는다는 데 놀라움이 있다. 부끄러움은커녕 스스로들 각자 열심히 살고 있거니 여기고 있는 듯하다. 이는 마치 내가 십여 년 비로토굴 생활에서 때로 음악도 듣고, 여행도 즐기고, 신도가 오면 신도와, 도반이 오면 도반과 밤새 떠들고 토론하며 지내면서도 스스로 열심히 사노라고 생각했었던 것과 똑같다.

이들을 보노라면 내 옛 모습이 떠오른다. 이들은 수행자의 가슴

속에 부는 싸늘한 바람의 매서움을 너무도 모른다. 중생의 업의 바다가 얼마나 넓은지, 얼마나 깊은지, 중류衆流를 거스르는 발심 수행의 의지로 휘두르는 칼날이 한 번, 두 번, 열 번 스쳐 지나가더라도 업식業識의 파도가 얼마나 가볍게 이 자국을 지워 버리는지 아마 전혀 짐작도 못 하고 있을 거다. 언제나 아는 듯싶고, 언제나 새롭게 가다듬는 듯싶어도 여전히 모르고 있다는 걸 도무지 모를 것이다. 바로 거의 나처럼, 아마 어쩌면 지금의 나도 또한 이 범주를 벗어나지 못했는지 모른다.

하루 열두 번 참회해도 부족하고 백 번을 새롭게 다짐해도 오히려 모자란다. 수좌의 마음속에 안이함이 자리해서는 안 된다. 이만하면 잘하고 있다는 자긍이 존재해서는 안 된다. 수좌의 가슴은 천 개의 칼이요, 만 장의 얼음이어야 한다.

점입정절

2000. 7. 30.

해제가 보름 앞으로 다가왔다.

느리게 조금씩 공부 진전이 있다.
이 일이 예삿일이 아님을 느끼게 한다.
예삿일이 아니다.
예사 마음으로는 되지도 않을 일이다.

'점입정절漸入程節'이란 몽산법어의 구절이 생각나는 지금이다.
정말 모두를 여기에 투자하고 싶다.
세속적 쾌락의 모두를 포기하고 오로지 여기에 전일專一하고 싶다.

나의 존재, 나의 생활, 나의 집착, 이 모두를 버려야만 한다.
버리고, 고요하고 선명한 화두, 오직 그 하나만의 세계 속에 파묻혀 몇 달이고, 몇 년이고 지내야 한다. 그래야만 형상에 속고 감관에 휘둘리는 범정凡情을 훤칠히 벗어날 수 있는 것 같다.

사제의 죽음

2000. 8. 2

어제 사제師弟 정진 스님이 갑자기 입적했다는 전화를 받았다.

삶이 무엇인지 어려서 소년의 모습으로 곱고 착하던 그,
병약함으로 선방에 나다니지 못하는 것을 한으로 여기며 보살행으로 자신의 삶의 방향을 잡아 나가던 그,
지난여름 수도암에 공양 왔을 때는 갑자기 가사 장삼을 수한 채 삼배 오체투지를 해서 나를 당황하게 만들던 그.

참선 수행을 얼마나 가치 있는 길로 여겼으면 나이 차이도 몇 안 되고, 승랍도 또한 그렇고, 겉모습은 오히려 더 늙어 보이는 처지인데 부처님께 하듯 짐짓 오체투지를 하려 했을까?

그러던 그가 이제 갓 예순인가 아닌가 하는 나이에 갔다.
오늘 그의 다비에 참예키 위해 그의 처소로 간다.
나무 불, 나무 법, 나무 승.

실참실오

2001. 2. 7.

어제저녁 차를 마시면서 몇이 한참 얘기들을 나눴는데 깨달음을 너무 쉽게 생각하는 데 놀랐다.

"실재하는 것은 아무것도 없고 유전변멸流轉變滅이 있을 뿐이다. 고뇌가 없는 것은 아니다. 이 또한 실재하는 것이 아니고, 실재성이 없는 것, 그것이 실상이다. 제 할 망상도, 번민도 없고, 망상 그대로가 실상이요, 깨달음의 세계일 뿐이다."라고 한다.

내가 듣기에 말은 다 옳은 말인데 안으로 확실한 자증自證경계가 있지 않고서는 다만 유전상流轉相을 이해하는 불법지혜(일상적 지식수준)를 이룰 뿐이고, 수행을 포기하고 놓아 지내게 되는 악견惡見에 떨어짐이 된다 싶다. 그런데 의외로 이렇게 쉽게 불법을 체득했노라 자긍하는 사람이 많음을 보는데 경하해야 될는지.

뭔가 진정 견해의 실참실오實參實悟가, 실참실오를 기약하는 풍토 자체가 쇠잔해 들어감을 보는 듯하다.

티끌 속에 나를 던지지 말라

2002. 1. 2.

타他의 속됨과 방종을 보고
선풍의 쇠잔해짐을 걱정하거니와

내 속에는 또 얼마나 많은
세욕에 대한 집착과 동경을 간직하고 있음인가?
얼마나 부질없는 걱정과 상념으로
아까운 시간을 흘려보내고 있는가?

수좌계의 타락이 내 속에 엄존함을 느끼고
모골이 송연해짐 또한 어쩔 수가 없구나.

아, 가는 시간이여!
나를 버리지 말라.
부질없는 티끌 속에
나를 던지지 말라. 던지지 말라!

이미 님을 향해 떠났는데

2002. 7. 12.

공부는 많이 익숙해졌는데 아직도 득력처는 아니다.
마음 바다의 광대함을 다시 한 번 더 느낀다.
이제 나이나 늙음이 공부에 장애된다는 생각은 사라진 것 같다.

노쇠와 사멸 그 너머에
미소 띤 님이 기다리네.
채찍을 들어 무엇 하겠는가?
마음은 이미 님을 향해 떠났는데.

욕망을 경계하라

2002. 10. 26.

시시로 속된 타산을 멀리하고
욕망에 종속됨을 경계하라.

욕망은 지혜로움을 가장하고
이利를 좇는 자를 꺾나니
살피고 살필지어다.

좋은 의지를 죽이지 말라.
결정코 그 의지를 저버리지 말지어다.

늘 거니는 마당에 풀이 자라지 않아야 하나니

2003. 12. 17.

서옹 스님 영결식이 또 모레,
오늘 백양사에 다녀온다.
좋은 분, 너무도 순수했던 수좌,
그런 분이 갔다.

좌탈坐脫이라 하거니와
그것은 하찮은 일이다.
늘 거니는 마당가에
전혀 풀이 자라지 않아야만 한다.

화단의 꽃

2004. 1. 9.

의정은 화단의 꽃과 같다.
다만 가꿀 뿐 지배되지는 않는다.
스스로 자라고 스스로 꽃피도록
열심히 지켜보고 지켜봐야 한다.

무심의 재를 넘어

2004. 8. 17.

세상을 보는 눈을 하나로 엮는 일은
불가능이며 아마 불필요할지 모른다.
허나 무심無心의 재를 넘지 않고서
어떻게 도원桃園에 이르려 하는가?
이미 무심이어야 한다면
세사 또한 부질없음 아닌가?

이들이 또한 모르는구나.
화두 일념만으로도 온 세상
대신할 수 있음을!
책과 음악과 그대 자신 통째를!

무상 무념

2004. 12. 8.

바닷가에 홀로 앉아
그 고요함에 취하다 문득 우러르니
하늘에는 구름, 바다에는 파도
어느 하나 쉼 없구나.

상相에서 상相을 잊으니 무상無相이요
염念에서 염念을 여의니 무념無念이라든가.

무상이니 무념이니
연기緣起니 공空이니
먼 얘기도
어려운 얘기도 아니다.

나의 눈앞의 세계요
발밑의 현실이다.

수행의 끝없음이여

2007. 2. 12.

오, 수행의 끝이 없음이여!
나이 들고 지견知見을 성취했다 하더라도
옛사람들은 올연히 앉아 게으를 줄 몰랐도다.

어느 정도의 정진력이라야
노쇠로 말미암아 나약해지지 않을까?

어느 정도의 안목이라야
죽음에 이르러 미소 지을 수 있을 것인가?

아, 끝없음이여!
깊고 깊음이여!

석양의 나그네

2008. 9. 18.

청산은 말없이 높고
호수의 물은 홀로 깊구나.
석양에 길 찾는 나그네여
산촌이 한가하니 쉬어 감이 어떠리.

티끌 속에 나를 던지지 말라

선정과 지혜의 계발

'명경지수明鏡止水'라고 하지요. 물이 고요하고 움직임이 없을 때 맑음과 비춤이라는 능력이 발현됩니다. 참선이라는 것은 우리 심성에 원래 있는 선정과 지혜를 계발하는 일입니다.

참선할 때는 화두를 들어서 마음을 명경지수의 상태, 순일의 상태, 고요한 상태가 되게 합니다. 깨달은 사람이 "보라. 여기 푸른 하늘과 해가 있다."라고 하지만 마음이 명경지수 상태가 아니고 파랑이 이는 상태인 사람은 그 하늘과 해를 보지 못합니다. 마음 본래 자체가 정定입니다. 본래적 마음을 활용하고 본래적 마음이 활동하는 모습이 지혜입니다. 참선 수행은 이를 계발하는 것입니다.

번뇌의 처리

참선할 때 자주 번뇌가 일어납니다. 어찌해야 할까요?

마당을 깨끗이 쓸어 놨거나 잘 닦아진 곳에는 풀잎 하나만 떨어져 있어도 눈에 잘 띄거든요. 본래 참선을 하지 않았을 때는 자기한테 망상이 그렇게 많은 줄 몰라요. 참선을 하려고 하고 망상하지 않으려고 할 때, 그때는 더욱 끝도 없이 나오는 것이 망상이거든요.

망상이 많다는 것을 느끼는 자체가 마음이 청정한 것을 바라보고 있다는 뜻입니다. 공부하려 하고 청정을 지향하며 망상 없는 것을 목표하기에 망상이 보이는 것입니다. 돈, 사랑, 명예, 물건 따위에 집착하고 있는 동안에는 망상이 망상인 줄 몰라요. 망상으로부터 떠나려고 하기 때문에 장애가 되는 망상을 보게 됩니다.

그러니까 그것은 자기가 공부를 하고 있다는 증거입니다. 공부에 한 발 나아가고 있는 것이니까 당연한 것으로 생각하고, 그렇게 나아가다 보면 화두에 문득 마음이 갈 때가 있습니다.

수행의 가치

천 년 전 사람이나 지금 사람이나 마음속의 업은 본래 다를 바가 없습니다. 그러나 그때의 사람은 일상의 어려움에 익숙해져 정신적으로 어지간한 어려움이 있어도 쉽게 포기하지 않습니다. 그래서 큰 깨달음을 성취하는 이가 많았습니다.

그런데 지금은 삼 년, 오 년 해 보다가 힘들다 싶으면 근기가 안 된다며 쉽게 방향을 바꿉니다. 옛날 사람이 포기한다는 말을 했으면 정말 절망하는 마음에서 그런 말을 했을 것입니다. 지금은 쉽게 포기하는 것에 대한 굴욕감이나 절망감도 없습니다. 해 봐야 소용이 없고 처음부터 크게 가치를 두지 않았다는 이야기입니다.

가치는 선방에도 있지만 책에도 있고 좋은 승용차 끌고 다니는 데도 있다는 것입니다. 구도 이외의 여러 가지 상황에 대하여 마음속으로 인정하고 가치 부여를 하고 있는 것입니다. 바로 이게 문제입니다. 당당하게 구도심을 버릴 수 있는 우리들 의식이 앞으로도 계속되면 불교는 껍데기밖에 남지 않을 거란 생각이 듭니다.

발심發心

부처님 법문의 가장 기본적인 출발점은 '인생은 괴롭다'입니다. 생활에서도 그렇고 육체적, 정신적으로도 그렇고, 고苦라는 현실에 대해 인정하는 것에서부터 시작했습니다. 그러면 고의 소멸에 관한 이야기, 해탈에 관한 이야기가 자연스럽게 도출되고 해탈을 이루기 위한 수행에 관한 이야기가 나오게 되고요. 이렇게 불교라는 사상 체계가 자연스럽게 세워지게 됩니다.

옛날 사람들은 일상이 어려움 속에 있었기 때문에 '고'라는 말이 전혀 낯설지 않고 바로 수긍할 수 있었습니다. 그러나 지금은 손만 움직이면 원하는 것을 다 얻을 수 있는 시대라서 사람들이 인생은 괴롭다는 말을 수긍하기가 힘들어요.

생활이 여유롭고 풍요로워짐으로 인해서 현실에 대해 만족한 마음을 갖게 되고, 이런 사고가 일반화됨으로 해서 '고'와 '고의 해탈'에 대한 말을 듣기 싫어합니다. 그런 세상이 되어 있습니다. 이런 환경에서는 해탈에 대한 추구, 도에 대한 구도심이 일어나기가 어렵습니다.

부처님은 "호귀豪貴에 학도난學道難이라, 즉 돈이 많고 지위가 높은 사람은 도를 배우기 어렵다."라고 하셨습니다. 정말 특별한 몇몇 사람들을 제외하고는 현실에서 해탈을 추구하기가 어렵습니다.

인생에 대해 깊이 있게 돌아보고 근본적인 해결에 대한 고민을 하게 되는 시점은 보통 오륙십 대가 되어야 가능하다고 봅니다. 인생의 달고 쓴맛을 경험하고서야 비로소 세상의 즐거움이란 끝까지 누릴 수 없는 게 현실이며 여러 난제들이 항상 주변에서 다가오는 것을 알게 됩니다. 무상법문無常法門이 무엇인지 아는 겁니다. 그러면 인간의 모든 번뇌로부터 벗어나는 일이 실현될 수 있는지, 생사해탈이 가능하지 진지하게 생각해 보게 됩니다.

분위기가 좋아서, 혹은 친구와 어울리는 게 좋아서 절에 다니지 말고, 진지한 구도심으로 절에 오는 불자가 되어야 합니다. 집안의 어려움, 사회관계에서의 어려움, 몸의 건강, 늙어 가는 얼굴, 다가올 죽음에 대해 아름다운 마음, 여유로운 마음, 안정된 마음, 성숙된 마음으로 이해하고 인내하고 대처할 수 있을지를 고민하고, 그 문제를 해결하겠다고 깊이 다짐하는 자세가 정립이 되어야 합니다. 그래야 앞길이 트입니다.

간절함

간절함은 행동의 동기를 만드는 것이자 진정한 믿음의 밑바탕입니다.

처음에는 매일 십 분씩 반복하세요. 화두참선이면 좋겠지만 염불念佛, 절, 주력呪力, 무슨 수행을 해도 좋습니다.
그리고 시간을 늘려 가세요.

처음에는 힘들겠지만 조금씩 하다 보면 즐거울 때가 있습니다.
매일 이렇게 반복하다 보면 순일의 체험을 하게 됩니다.
빗물이 떨어져 바위에 구멍이 뚫리는 것과 같이 말이죠.

이런 간절한 마음은 곧 순일한 마음 상태를 말합니다.
간절함과 진실함이 있거나 말거나, 순수한 마음이 나타나거나 말거나, 지금 바로 시작하세요.
하다 보면 저절로 나타날 때가 있습니다.

자기 절제

사회가 날로 갈등이 심화되고 어려운 상황으로 가고 있습니다.
자기 절제는 수행의 기본인데 사회생활의 기본 원칙으로도 합당합니다.

이 세상은 필경 무너져 허망하게 돌아갑니다.
자기를 내세우려는 것은 다 자기 이익 때문이잖아요?

현재에 만족하지 않으면 고통이 따르고 늘 부족하다고 느낍니다.
사회적 결핍은 탐욕의 문제입니다. 우리 모두의 짐이죠.

나의 욕망은 이웃의 고통과 짐이 됩니다.
같이 고통 받는 중생을 연민으로 생각하고 배려하는 자기 절제가 절실히 필요한 시대입니다.

대중과 토굴

경험적으로 보면 신심이 있을 적에는 대중처소에 있어도 대중이 방해되지 않고, 토굴에 살아도 쉽게 게을러지지 않습니다. 그래서 마음이 내키면 어디든 좋지만 중요한 것은 신심이 있다는 사실 그게 아닌가 싶습니다. 그래도 말한다면 가장 바람직한 삶은 대중 속에서 토굴 생활을 하는 것이 아닐까 싶습니다.

벗을 만들지 않는 것, 대중처소에 살면서 방선放禪 시간이나 쉬는 날에 얼마만큼 자기를 간추릴 수 있느냐가 자기 신심의 척도입니다. 자기 공부만 한다고 소외당하지는 않습니다. 자신의 행동에서 '넌 공부도 하지 않아.'라고 비웃는 마음이 있다거나 달리 모나게 굴 때 따돌림을 받습니다.

너그러운 마음과 따뜻한 마음을 가지고 있으면, 처음에는 놀러 가자고 끌어내다가도 미안해서 불러내지를 못합니다. 자연스럽게 혼자만의 시간을 주위에서 만들어 줍니다. 이렇게 하면 혼자 지내면서도 소외도 당하지 않고 언제나 좋은 인연을 맺게 되어 공부에 방해받지 않는 생활이 가능해집니다.

친소親疎

젊었을 때는 도반과 살았는데 사흘이 멀다고 싸웠습니다. 그러고는 조금 앉아 있으면 자책하는 마음이 듭니다. '수행하는 사람이 그 정도도 못 받아들이나? 다음에는 그러지 말아야지.'라고 반성합니다.

그래도 또 싸우고 반성하고, 결국에는 '쉽게 극복될 문제가 아니고 공부 힘이 있어야만 극복할 수 있다.'라는 생각이 듭니다.

친한 사람은 오히려 공부에 장애가 됩니다. 그에겐 분한 마음도 안 생깁니다. 그러나 언성 높이면 뒤에 자신에게 반성할 계기로 돌아옵니다.

출가의 본의本義를 잊지 말아야 합니다. 출가엔 제2, 제3의 여지가 없습니다. 오로지 진리를 깨달아 자기의 마음을 진정으로 자유롭게 하는 구도의 길 말고는 있을 수 없습니다.

보원행

『달마사행론』이라고 달마 스님의 친설親說로 여겨지는 언행록이 있습니다. 저는 젊어서 이를 수행의 기초로 삼을까 하여 거의 외웠습니다.

그 가운데 보원행報怨行이라는 것이 있어요. 바쁜 일상에 치이더라도 현재의 모든 어려움과 괴로움, 두려움, 원망, 분노를 감수해야 합니다. 과거에 지은 업과 의도하지 않고 행했던 일들이 지금 나타나는 것입니다.

현실에 불만을 가져서는 안 됩니다.
내가 다 만들어 낸 것이기 때문입니다.

'내 삶이라면 거부할 수 없다. 끝까지 내가 돌보고 책임지겠다.' 라고 당당하게 현실을 받아들이면 끝까지 매진할 수 있게 됩니다. 현실적인 삶에서 이를 실천하는 것이 진정한 수행이고, 이 길이 곧 해탈에 이르는 길입니다.

깨달음과 감동

어릴 때는 화두 타파하고 깨달으면 조사와 부처가 되니 그게 전부인 줄 알았습니다.
그런데 근래에는 그게 아니라는 생각이 듭니다.

깨달음도 물론 중요하지만 진정한 선지식이라면 사람들을 감동시킬 수가 있어야 합니다. 부처님께서 그 짧은 시간에 거대한 교단을 형성할 수 있었던 것도 사람들을 감동시킬 수 있었기 때문입니다.

완전한 믿음이란 감동을 하지 않고서는 나오지 않습니다.
그냥 '저건 맞는 말이야.' 하는 정도로는 행行을 유발시키지를 못합니다.

나를 위한 중생 구제

깨달음의 내용은 사실 자비입니다. 깨달음은 무아無我를 본다는 겁니다. 우리 모두가 하나이고, 나와 남이 진정한 사랑의 관계 속에 있음을 보는 것입니다. 무아, 일체 모든 걸 자기로 느꼈을 때 거기에 무슨 미움이 있겠어요? 자기를 사랑하고 일체를 사랑하는 경지, 이를 깨달음의 경지라 하고 무아의 경지라고 말합니다. 이렇게 무아의 상태가 되어야 비로소 남을 위하는 일이 가능해집니다. 내가 있고서는 진정으로 남을 위한 헌신은 불가능합니다.

그런데 중생은 스스로 업을 짓고 옭아매어 이것 때문에 고통 받고 저것 때문에 고통 받습니다. 이런 중생의 모습을 보노라면 그게 남이면 모르지만 남이 아니잖아요? 하나의 세계에서 중생의 고통이 자신의 고통으로 느껴집니다.

보살이 중생 구제를 하려고 원을 세우는 이유는 남을 도우려고 하는 게 아니라 자기 자신을 위해서입니다. 남이 행복해지지 않으면 자기가 행복해질 수 없으니까요.

한 가정의 신랑이 퇴근해 신음하며 아파 죽겠다고 합니다. 그런데 아내 되는 사람이 낮에 좋은 선물을 받았다고 아파 죽겠다는 신랑 앞에서 "아, 기분 좋아. 살맛 나!"라고 말할 사람이 있겠습니까? 그럴 리가 없습니다. 식구는 하나잖아요? 가족이 아프면 아무리 좋은 일 있어 봐야 소용없는 것입니다. 나의 행복을 위해서는 식구들이 아프면 안 되는 겁니다.

이와 마찬가지로 보살의 중생에 대한 자비원력은 자기를 위한 것입니다. 그러니까 그만큼 더 절실한 것입니다. 나와 남이 하나인 경계에서 중생을 위하려는, 중생을 깨달음의 길로 인도하려는 원력願力이 있는 그런 분에게는 두려운 것도 없고 아쉬운 것도 없습니다.

수행은 기쁨

선禪을 쉽게 명상이라는 넓은 범주로 말하기도 하는데, 그 형태에 여러 가지가 있습니다. 우리가 알고 있듯이 화두를 잡고 하는 화두참선도 있고, 염불도 있고, 관觀도 있습니다. 어떤 것을 선택하든지 마음을 하나로 집중하는 것이 중요하지요.

선을 통해 우리의 의식이 하나로 모아지는 것을 선정禪定 상태라고 말합니다. 흔히들 말하는 삼매三昧입니다. 그러나 저는 쉽게 풀어 '순수의식'이라고 말합니다. 선을 하면 결국 이런 순수의식 상태에 도달하게 되는데, 노력만 한다면 가능한 일입니다.

순수의식은 어떤 상태일까요? 먼저 희열喜悅을 느끼게 됩니다. 기쁨이 넘쳐 황홀감을 느끼게 됩니다. 물론 계속 유지되는 것은 아닙니다. 수행의 깊이가 낮으니 오래 지속되기가 힘들겠지요. 그렇지만 잠깐이라도 그런 느낌을 체험하고 나면 그 상태를 계속 유지하고 싶어 합니다. 그때부터 느낌을 넘어 삶이 조금씩 달라지기 시작합니다. 특히 행복이란 밖에 있는 게 아니라 안에 있다는 사실을 깨닫게 됩니다.

절에 와서 법문으로 누누이 들었지만 금방 잊고 체득하지 못합니다. 좋은 차, 많은 돈, 비싼 아파트, 승진. 좋은 것은 전부 외부에 있습니다. 그래서 행복도 외부에 있는 것으로 착각하고 살게 됩니다. 참선을 하게 되면 외부로 향한 눈이 점차 안으로 향해 자기 자신을 관조觀照하게 됩니다. 그리고 조금 더 깊어지면 한 생각에 집중하게 되고 그렇게 되면 오로지 자기의식만이 남게 됩니다. 그리고 그때 바로 기쁨과 희열이 찾아오게 됩니다.

그래서 순수의식이 깊어지면 즐거움 또한 더욱 깊어집니다. 이렇게 즐거움으로 가득 차면 다음은 어떻게 되겠습니까? 삶이 바뀌고 생활 태도가 달라집니다. 행복을 위해서 남과 다툴 필요가 없다는 것을 알기 때문입니다. 이렇게 되면 마음의 여유가 생기고, 절로 남에게 양보할 줄 알게 됩니다. 도덕적으로 배워서가 아니고 자연스럽게 그렇게 됩니다.

순수한 기쁨을 느끼기 시작하면 진정한 행복의 원천은 밖에 있는 것이 아니라 내부에 있는 것이라고 느끼게 되고, 나아가 바로 나 자신이라고 느껴지게 됩니다. 그런 상태가 체득되면 비로소 더욱 진정한 행복, 더 순수한 차원의 행복, 더 고원高遠한 행복으로 발전하고 마침내 깨달음의 행복, 열반의 행복, 구경究竟의 행복을 향한 믿음을 갖게 되는 것입니다. 이런 믿음이 속에서부터 일어나야 비로소 불자라 할 수 있고 수행자라 할 수 있습니다.

이 길은 고행의 길이 아닙니다. 후학들에게 수행의 길은 설사 깨달음에 이르지 못하더라도 그 삶 자체가 기쁨의 상태라고 말하고 싶습니다. 부처님이 고행을 했다고 하는데 저는 그렇게 보지 않습니다. 진정한 삼매, 선정에 들면 고苦가 없습니다. 희열뿐입니다.

책에서 읽는 것으로는 환희심이 생기지 않아요. 공부의 기본적인 체험을 해야만 수행이 고행의 길이 아니라 환희의 길임을 알 수 있습니다. 이런 것을 한번 경험하면 무엇인가 있다는 것을 알게 되죠. 당연히 수행의 길을 포기하지 않게 됩니다.

희열 상태가 지속되면, 행복이라는 것이 밖에 있는 게 아니라 내 안에 있는 것임을 알게 됩니다. 외부로부터 무슨 선물을 받아서가 아니라 내가 벽을 보고 있는데도 얻을 수 있는 기쁨, 내부에서 우러나는 행복감인 것입니다. 수행의 길을 고달파 하거나 힘들다고 생각하지 않게 됩니다.

기쁘다는 것, 재미있다는 것은 시간 가는 줄 모른다는 뜻입니다. 어릴 적 선생님 몰래 만화책을 볼 때 잠깐이지만 시간 가는 줄 모르듯이 참선이 제대로 된다 했을 때 제일 특징적으로 나타나는 것이 시간이 빨리 가는 것입니다. 자기도 모르게 몰입이 돼서 매우 맑고, 고요하고, 깨끗한 느낌이 드는 것이 특징이니까 이 같은 상황을 즐긴다면 그때가 공부에 대한 시작입니다.

참선을 하면서 화두일념話頭一念을 체험만이라도 한다면 선정적禪定的 정신세계가 존재한다는 것을 이해하게 됩니다. 선정적 정신세계는 스스로 노력하지 않아도 마음이 고요해지는 것을 말합니다. 만약 우리가 슬픈 일에 직면하더라도 스스로 자기 마음을 고요하게 끌어내리지 않아도 그렇게 될 수 있습니다. 참선을 하면 기뻤을 때나 들뜬 기분일 때도 저절로 마음이 가다듬어지는, 차분하게 하는 소득이 있습니다. 정신적으로, 정서적으로 안정되는 좋은 점이 있습니다. 이건 비록 방편이지만 이것만으로도 화두 공부를 하는 소득이 있는 거죠.

화두 드는 법

화두는 소위 말해 '꽂히는 것'입니다. 예를 들어 밤길을 걷다 이상한 소리를 듣게 되면 우리들은 발걸음을 멈추고 온통 그 소리가 무엇인지 집중합니다. 이때는 생각의 분별도, 마음의 그 어떤 작용도 멈춥니다. 화두에 집중하면 이것, 저것이라는 상대의 분별없이 무념 상태가 됩니다. 따라서 화두를 제대로 드는 것은 깨달음으로 향하는 수행 방편 중 지름길인 셈입니다.

화두는 생각이 아닙니다. 이건 감정입니다. 화두를 들 때 의정疑情을 가져야 한다고 합니다. 이때의 '정情' 자는 감정을 말하는 '정' 자입니다. 생각은 쉽게 바뀌어 가지만 감정은 그렇지 않습니다. 그래서 의정이 깊어지면 화두 공부가 깊어집니다.

어떤 사람이 딴 동네로 이사를 갔어요. 출퇴근하면서 같은 골목을 왔다 갔다 하는데 그때마다 사람들을 만나잖아요? 만나더라도 다 처음 보니까 눈길 갈 것도 없어요. 의식할 것도 없고 그냥 지나치니 아무도 없는 것과 같아요. 그렇게 몇 달 계속 지나치다 보면 저절로 얼굴이 익숙해져요. 자주 보니까 알게 되잖아요. 알면 그다음에 어떻게 돼요? 눈인사도 하게 되고 상대방에 대해 궁금해집니다. 그러고는 "어디 사세요? 뭘 하세요? 이름이 뭐예요?"라고 묻기 시작합니다.

궁금해지는 단계 이전에 먼저 알아야 되고, 알려고 하면 친숙해져야 돼요. 친숙해져야 알게 되고, 알아야 의심이 일어납니다. 이게 기본적인 거예요. 화두 들 때도 꼭 같아요. 화두를 "계속 시비하지 말고 무조건 들어라. 갖다 놔라. 갖다 놔라."라고 하는 이유는 갖다 놔서 보고, 보고 해서 익숙해지라는 겁니다. 익숙하지 않으니까 마음이 딴 데로 도망가 버리는 거란 말이에요. 관심이 안 가니까, 마음이 안 가니까 그놈이 도망가 버리거든.

정말 자기가 사랑하는 상대를 보고 도망가 버리겠어요? 딱 붙어 있지. 그러니까 마음이 도망가지 않는 이유를 이해해야 된다고. 그렇게 하기 위한 방법은 들고 또 들어서, 하다 보면 친숙해지고, 친숙해지면 기억해서 알게 되고, 알게 되면 더욱 알고 싶은 마음이 저절로 따라 일어나게 되는 것이에요.

의정이라고 할 때 정 자는 감정이란 말이에요. 화두를 의심하는 데 두 가지 방법이 있다고 볼 수 있어요. 하나는 생각으로 드는 화두예요. 또 하나는 화두가 감정 영역에 진입했을 때예요. 화두를 생각으로 드는 동안 그 화두는 힘이 없어요. 그냥 생각은 순간순간 일어났다 사라져서 변화가 많아 수명이 짧고 지속력이 없는 거잖아요. 그러므로 화두를 생각으로 드는 동안엔 머물지 않아요. 화두가 감정화되어야 깊게 한 맺혀서 지속성이 생긴다고요.

누가 미운 생각이 사무치면 '아! 그러면 안 되지. 남 미워하는 건 안 좋은 일이지.'라고 생각을 돌이켜 씻어 내려고 해도 다음에 어디서 딱 마주치면 또 미운 생각이 일어나는 거야. 이게 잘 없어지지 않아요. 한번 형성되면 쉽게 안 없어지는 것이 감정이에요. 이 감정이라는 게 깊은 의식세계에 있음을 알 수 있어요. 생각은 순간적으로 날아가 버리는데 감정은 한번 생성이 되면 지속성을 가져요.

화두가 의정이 되어야 합니다. 의심이 감정화되어야 해요. 그렇게 해야 머무니까요. 단 한 순간이라도 진정으로 '뭐지?'라고 거기에 집중됐다는 것은 그게 감정으로 넘어가는 단계예요. 정말로 의정의 단계에 접어들면 화두가 익숙해져 화두가 끊어졌다 느끼는 순간에 의정이 확 치솟아 오르거든요. 이럴 때 보면 이게 감정이에요.

어머니가 돌아가셔서 상주가 되어 있는데 친구가 와서 위안한다고 서로 모여 얘기하다가 누가 웃기는 소리 하면 순간 웃기도 하잖아요. 그렇지만 마음속에 그 어머니에 대한 슬픔이 없어지는 건 아니거든요. 그렇게 한참 잊어버리고 얘기하다가 누군가 "아이고! 모친 살았을 때는 걱정도 많이 해 주셨는데."라고 하면서 모친 얘기를 갑자기 꺼내기도 합니다. 그러면 어머니가 돌아가셨다는 사실이 새삼 치고 들어오잖아요. 그때 바로 감정이 복받쳐 오르는 것을 느끼거든요. 슬픔이 확 밀려옵니다.

화가 솟아오른다든가, 슬픔이 밀려온다든가, 기쁨이 솟구쳐 오름을 느낀다든가, 이런 감정을 정말로 느끼는 순간이 있습니다. 이처럼 화두가 도망가서 문득 '의심이 없어졌구나.'라고 느끼는 그 순간에 속에서 의정이 차오릅니다. '이게 뭐지?'라는 의심이 감정화돼서 딱 차고 올라오는 겁니다. 이 느낌은 다른 감정이 치솟는 것과 꼭 같아요.

이렇게 의정이라고 하는 감정화된 의심 뭉치가 형성되는 단계가 공부의 시작이라 할 수 있어요. 이것은 하나의 감정이고, 감정이란 것은 자연스럽게 일어나는 것이고요. 일으키려고 일어나는 게 아니라고요. 그렇잖아요. 그러니까 의정이 일어날 계기만 마련해 줘야지, 억지로 일으키려고 하는 자체가 오히려 방해가 되어 버려요.

우리 마음은 무대가 하나라서 어떤 마음이 자리 잡으면 다른 마음이 못 들어오거든요. 그러니까 공부 열심히 해야 되겠다 하면 그 열심히 하려고 하는 의지가 마음을 차지하고 있어서 감정이 들어오고 싶어도 못 들어와요. 막 울고 싶을 만큼 슬퍼하는 기분일 때는 누가 웃기는 소리를 해도 웃지 못하는 것과 같아요. 그렇잖아요? 이처럼 '공부 열심히 해야지.'라는 마음이 딱 자리하고 있으면 의정이 들어오려고 해도 들어오지 못해요.

그러니까 마음을 비워 둬야 되는 거예요. 마음을 그냥 의심에만 집중하고, 의심이 일어나지 않더라도 염려하지 말고 갖다 놓고, 갖다 놓고, 눈앞에 놓고 보기만 하다 보면 언젠가는 마침내 익숙해지는 거예요. 그래서 어느 순간 화두에 마음이 척 가기 시작하면, 그러면 정말 진의眞疑가 일어나 눈앞에 현전現前하게 되는 거예요.

애들 담장 꽃 쳐다보듯이 한순간에 '아!' 하고 의심이 한 번 일어나기 시작하면 이게 차차 성숙해서 감정화되어 자리 잡게 되는 겁니다. 그러기 위해서는 마음을 비워야 되고 열심히 하려는 생각도 가지면 안 돼요. '열심히 해야지. 어떻게든 공부해야지.'라는 그 의욕이 방해되는 겁니다. 이 원리를 기본적으로 이해해야 해요.

화두를 제대로 드는 방법은 그냥 반복하는 겁니다. 무한 반복하고, 편안한 마음으로 합니다. 집중되거나 말거나 상관하지 말고 화두를 갖다 놓고, 도망가 버렸다 싶으면 다시 갖다 놓고, 갖다 놓고, 매일 보는 겁니다. '천만조고千萬照顧'라고 했잖아요. 매일 매일 천만 번 지켜보다 보면 문득 스스로 알아 간다니까요.

마침내 의정이 척 일어나면 이게 밖에서 들어오는 거 같아요. 마치 옛 친구가 오래간만에 사립문을 열고 쓱 들어서면서 "어이!" 하고 손을 흔드는 것처럼 꼭 그래요. 그러면 자기도 모르게 반가워서 자리를 차고 나가잖아요. 그렇게 의정은 어느 순간에 문득 스스로 찾아와요. 마음을 반복해서 화두에 갖다 놓다 보면 스스로가 문득 알아차리게 됩니다. 원래 와 있었지만 관심이 없었으니까 문이 안 열린 겁니다. 안개가 끼어서 몰랐던 겁니다. 애쓰다 보면 덮인 안개가 차차 열어져서 어느 순간에 이르면 그것을 알아차리게 됩니다. 한 번 알아차리기 시작하면 이제 믿는 맘이 생겨요. 그러면 집중적으로 노력하게 되고 사뭇 진지한 뜻을 지닌 상태가 지속됩니다.

편안한 마음으로 반복하세요. '내가 딴 거는 못 해도 화두한테 내 맘 갖다 놓는 것만은 할 수 있어!'라고 공부를 지어 가세요. '일 년 혹은 삼 년 안에 깨달아야 되겠다.'라는 생각은 하지 말고, '평생 안되어도 상관없어. 나는 공부하다가 죽을 거야.'라는 마음으로 지내세요. 공부에 대한 욕심을 내면 안 돼요. 공부마저도 놓아 버려야 해요. 그냥 갖다 놓고, 갖다 놓으세요.

죽을 때까지 공부하다 죽는 것만 해도 좋잖아요? 공부가 뭔지 모르고 죽는 사람이 얼마나 많은데, 해 보려고 하는 의지를 가지고 노력한다는 것만으로도 어디예요. 그러니까 '내가 딴생각 안 하고 이 길을 포기하지 않고 계속할 수 있다는 것만 해도 축복이다. 내가 정말 훌륭한 거다.'라고 스스로 법문하세요.

'너 정말 그렇게만 살아. 그럼 최고야. 공부 안돼도 돼. 그렇게만 살면 넌 평생 공부 없어도 상관없어.'라고 하세요. 이렇게 욕심을 버릴 수 있어야 편안한 마음으로 화두를 갖다 놓을 수 있어요. '어떻게든 삼 년 안에 뭐 눈을 뜰 거야. 뭐 공부해야 돼.'라는 욕심이 있으면 그 욕심만큼 장애가 되어서 안 된다고요.

'턱!' 하니 내려놓고 그냥 편안한 맘으로 '내 죽을 때까지 좌선하는 맘으로 살다 가리라.'라고 생각하면 오히려 거짓말같이 망상이 사라져 버려요. 내가 경험해 봐서 알아요. 그러니까 그렇게 한 번 내려놓고 마음으로, 편안한 마음으로 반복해서 공부하세요. 그러면 힘도 안 들고 상기도 안 옵니다. 이것이 첩경이에요. 공부 잘 지어 가는 겁니다.

공부 안될 때가 잘될 때

공부가 '안된다, 안된다.' 할 때, 이때가 실은 잘되는 상황이라는 것을 제대로 알아야 합니다. 이것이 처음 공부 지어 가는 이들한테는 매우 중요합니다. 왜냐하면 여기서 잘못되면 바로 공부의 길을 포기하게 되니까요.

우리가 잠에 빠지면 생각이 끊어집니다. 깨어 있을 때는 이 생각 저 생각이 활발하게 활동하니까 무력해지거나 특별히 재미없음을 느낄 겨를도 없습니다. 우리는 의식이 활발하게 활동할 때 살아 있음을 느끼고 사는 보람도 느낍니다. 몽롱한 가운데 불분명한 삶을 희구할 사람은 아무도 없습니다. 몽롱한 의식 상황을 우리는 기피하고 싫어합니다. 재미없어 합니다.

공부하는 것도 똑같아요. 공부하려고 하는 마음을 내지 않으면 갑갑한 것도 없는데, 공부를 하려고 애를 쓰다 보면 어느 때부터인가 재미없고 갑갑하기 시작하거든요. 이 갑갑함이 왜 생기느냐 하면 공부를 지으려고 마음을 하나로 모으려 하면 바로 그 집중력이 일상에 일어나는 생각을 억압시켜서 활동을 못 하게 하니까 우리 의식이 제압을 받아서 갑갑하고 재미없음을 느끼게 되는 겁니다.

그러니까 갑갑한 것이 바로 공부가 되어 가려고 하는 것이에요. 집중이 되고 있다는 뜻이거든요. 갑갑함을 느끼는 바로 그때가 잘 진전되고 있는 상황이라고 바로 이해해야 합니다.

이때 '나는 아무리 해 봐도 안 돼. 업장이 두터운가 봐. 기도를 하든지, 참회를 하든지 무언가 다른 것을 해야 돼. 화두는 안 맞아.' 라고 생각을 하고 자리에서 일어서는 것은 공부가 잘되는 상황에서 판을 깨는 겁니다.

열심히 하려고 해도 잘 안 될 때, '아, 이거 지금 좋은 소식이구나. 잔치라도 벌이자.'라고 기분 좋게 생각을 하고 포기하지 않아야 합니다. 절대 화두를 놓지 말고 그 상태로 계속 들려고 하다 보면 공부가 익어 갑니다.

불이不二

화두가 일념이 됐을 때 문득 경계가 와닿는 것을 느끼는 경우가 있습니다. 경계가 와닿는다. 무슨 말일까요? 예컨대 산을 보면 보통 때 산은 나하고 상관이 없겠지요. 나는 나고 산은 산입니다. 그런데 문득 그게 내 마음에 들어옵니다. 아니, 어느 날 문득 산이 바로 내 마음입니다. 나 자신으로 느껴져요. 물론 이 상태를 말로 설명할 수는 없습니다. 그냥 그렇게 느껴지는 것입니다. 그러고 보면 문득 나라는 것이 없다는 걸 알게 됩니다.

산은 저 밖에 있고, 나는 이 안쪽에 있고, 안과 밖이 다르다 생각했는데 이런 게 본래 없었던 것이지요. 공연한 분별일 뿐이었던 것입니다. 소리도 마찬가지입니다. 사람 소리, 새소리가 들립니다. 그동안은 소리가 귀로 와서 들리는 걸로 생각을 했습니다. 그런데 귀로 듣는 것이 아닙니다. 소리가 보이기 시작합니다. 바로 눈앞에 있어요. 그런데 이것이 무엇일까요? 바로 마음입니다. 소리는 소리가 아니라 바로 마음입니다. 그렇게밖에 설명이 안 됩니다. 그냥 직관으로 느끼는 것입니다.

부처님은 두 가지 삶을 이야기하셨어요. 분별의 세계와 일념一念의 세계입니다. 분별 세계는 사물을 인식하는 데 한계가 있는 것입니다. 가령 바다를 이해할 때 파도는 현상이죠. 이 파도와 저 파도가 다르게 보입니다. 그러나 파도 밑의 바닷물은 한 덩어리입니다. 바닷물은 하나죠. 다만 겉모양이 파도로 나타날 뿐입니다. 그래서 우리가 파도를 보고 바다를 이해하면 일면만 보는 것이 되죠. 파도와 바닷물은 하나입니다. 하나로 보아야 합니다.

고통에서 벗어나 즐거움을 누리는 것이 모든 종교의 지향입니다. 불교도 마찬가지입니다. 그런데 불교에선 고苦와 낙樂이 다르지 않습니다. 장애와 해탈이 다르지 않다고 봅니다. 부처님께선 이것을 직접 체험하고 깨달아 초월하는 삶을 살고 우리에게 그 길을 가르쳐 주신 겁니다.

멀리서 두 개로 보이던 섬이 가까이 가서 보니 하나의 바위였습니다. 깨달음의 세계도 이와 같습니다. 현상만을 보는 사람은 산은 산이라서 결코 물이 아니고, 물은 물이라서 결코 산이 아닌 것이라고 착각합니다. 그러나 본질을 보는 사람은 산과 물이 둘이 아님을 깨닫습니다.

안개, 물, 얼음은 서로 형태는 다르지만 본질은 작은 물방울로 같습니다. 물 분자가 서로 떨어져 가벼울 때는 구름인 것이고, 무거워지면 눈과 비가 되고 얼음이 되는 것입니다. 이는 서로 다른 조건으로 형상이 바뀌는 것뿐입니다. 본질을 깨우치면 삼라만상이 하나임을 절로 알게 됩니다.

'나는 나일 뿐이고, 너는 결코 내가 아니다.'라고 분별하던 중생들 사이에서 부처님은 바로 모두가 자기 자신임을 깨달았습니다. 또한 자신과 똑같은 수많은 사람이 고통 받고 있다는 사실을 석가모니 부처님은 보셨습니다. 깨닫는 순간에 모든 집착과 욕망에서 벗어나고 고통으로부터 해방됩니다. 그러나 부처님은 더 나아가 이것저것에 집착하는 중생들을 보고 자리를 털고 일어나 세상으로 내려오셨습니다.

산이나 들이나 사람이나 모두가 자기 자신으로 느껴질 때 이때부터 비로소 진정한 의미의 보살행이 시작됩니다.

어머니가 아이들을 위해서 하는 일은 힘들어도 참을 수 있습니다. 왜 그렇습니까? 아이들이 남이 아니기 때문입니다. 나의 분신이며, 또 나와 하나입니다. 그러니까 아이들을 위해 희생해도 희생한다는 마음 자체가 없습니다. 이 마음이 연장되면 바로 무아無我가 됩니다.

무아에 대한 깨달음, 즉 일체가 하나라는 깨달음이 바탕이 되지 않는다면 진정한 의미의 보살행은 이루어질 수 없습니다. 그러니까 진정으로 보살행을 하기 위해서는 무아임을 깨달아야 합니다. 그리고 그 깨달음은 그리 멀리 있지 않습니다. 화두를 들든지 염불을 하든지 무엇이든 들고서 정말 열심히 정진을 하다 보면 큰 깨달음은 아니더라도 이 세계가 둘이 아니라는 초보적인 깨달음은 쉽게 체득할 수 있습니다. 적어도 이런 깨달음을 체험했을 때 남을 위한 헌신이 바로 나를 위한 것임을 알게 됩니다. 참된 보살의 삶이 가능해진다는 말입니다.

수행의 최종 목적은 일체 중생과 털끝만큼의 차이도 없이 하나가 되는 것입니다. 내 욕망이 줄면 그만큼 타인과 만萬 생명과도 하나가 되어 행복해집니다. 중생이 무지한 것은 탐욕이 행복의 길이라고 믿는 것입니다. 진정한 행복이란 나에 대한 욕심을 줄여 남을 돕고 배려하고 존중할 때 스며드는 것입니다.

중도

저는 스물한 살에 출가해 스물여덟 살 때 해인사에 머물렀습니다. 그해 가을 성철 스님께서 해인사에 계셔서 백련암에 올라가 인사드리고 물었습니다. "스님, 대승비불설大乘非佛說을 어떻게 생각하십니까?"

저는 출가하여 부처님의 모습을 그리고 감동의 눈물을 흘리며 대승경전을 읽었습니다. 그렇게 읽었던 대승경전이 부처님 경전이 아니라는 소리를 들었습니다. 대승경전은 사후에 사람들이 만든 가짜라고 했습니다. 그 소리를 들은 때가 스물다섯 살 때입니다. 너무 충격이었습니다. 사기당한 느낌이었습니다. 중을 계속해야 하나 말아야 되나 고민했습니다. 그렇게 삼 년이 흘러 나 자신을 설득하고 마음이 가라앉아 정리되었지만, 그 의혹의 뿌리가 해결되지 않았습니다. 그때 성철 스님이 와 계신다고 해서 물으러 간 것입니다.

성철 스님은 연세가 나보다 스물일곱 살 많았으니, 그 당시 쉰다섯쯤 되었을 것입니다. 그런데 성철 스님은 이미 유명했습니다.

박학다식했습니다. 따라서 내가 던진 질문은 제격이었습니다. 나의 질문이 떨어지자마자 준비한 듯 말했습니다. 그분은 누가 무엇을 물어도 막힘이 없었습니다.

성철 스님은 "그게 말이제…. 맞기는 맞는데 말이제…." 하시면서 답해 주셨습니다. 핵심을 간추려 말하면 다음과 같습니다.

> "대승경전이 부처님 친설親說이 아닌 것은 맞지만, 부처님 사상이 아니라는 건 틀렸다. 부처님 친설이라는 초기경전의 가르침의 핵심은 중도中道이다. 대승경전도 중도이다."

부처님 최초 법문이라고 하는 소위 사제四諦, 팔정도八正道의 법문이 가장 먼저 설해졌다고 하는데, 그걸 설하시기 전에 부처님이 천명하신 게 있습니다. "나는 고苦와 낙樂의 양변兩邊을 여의고 중도로써 정각을 성취했노라."라고 말씀하셨습니다. 이렇게 첫마디부터 중도를 강조하셨다는 거예요. 그리고 사제 법문에 일관되는 것도 그 의미는 중도사상입니다. 대승경전 가운데서도 백미라고 하는 『법화경』, 『화엄경』 같은 경전의 중심사상도 바로 중도입니다. 대승경전이 비록 부처님 친설이 아니지만 설하시는 바 그 중심 내용이 초기경전에서 말하는 중도를 벗어나지 않을 뿐만 아니라, 중도를 부연하고 더 깊이 설명하는 것이기 때문에 결코 불설이 아니라고 말할 수 없다는 그런 말씀이었습니다.

중도를 처음 논한 것은 용수 보살의 『중론』입니다. 중도란 양변을 여읜 것입니다. 양변이란 양쪽 가(가장자리, 극단)를 말합니다. 동쪽도 변邊이요, 서쪽도 변입니다. 옳다도 변이요, 틀리다도 변입니다. 그러면 중간은 변이 아닌가? 그건 아닙니다. 중간도 변이고, 차별하는 것도 변입니다. 중도는 양변을 떠난 것입니다. 차별 없는 것이 중도입니다.

양변에 관한 대표적인 설명으로 팔부중도八不中道를 거론합니다. 불생不生, 불멸不滅, 불유不有, 불무不無, 불거不去, 불래不來, 불고不苦, 불락不樂을 말합니다. 고苦도 하나의 변이고 낙樂도 하나의 변이다. 변이라는 것은 중심이 아니고, 양쪽 변두리라는 뜻입니다. 그러니까 부처님께서 중도라고 말씀하시는 것은 양쪽 변두리를 여읜 곳, 가장 '중심적인 곳'이라는 뜻으로 이해하면 됩니다.

이 양변이라는 말은 다른 말로 상대적이라는 말입니다. 고락苦樂, 유무有無, 중생과 부처, 있는 것과 없는 것이 상대입니다. 상대 아닌 것은 세상에 없습니다. 예컨대 돌멩이가 있다고 하면 그것은 무엇하고 상대할까요? 돌멩이 아닌 것과 상대합니다. 돌멩이가 한편이고 돌멩이 아닌 것이 한편입니다.

그렇게 보면 세상에 변이 아닌 것이 없어요. 그래서 변이라는 것은 상대성을 말하고, 상대성이란 차별성을 말하고, 차별성이라는 것은 존재를 뜻합니다.

차별은 존재입니다. 존재는 우리가 사는 세계를 뜻합니다. 우리가 사는 세계는 존재의 세계입니다. 모든 게 있는 것으로 이뤄진 세계입니다. 차별이 어떻게 존재일까요? 내 등 뒤에 칠판이 있습니다. 칠판 위에 흰 종이를 붙였습니다. 어떻게 될까요? 종이와 칠판이 구분돼야 종이가 있고 칠판이 있는지 알 수 있습니다. 모든 것은 나 아닌 존재가 협조해 주기에 나의 존재가 가능합니다. 이것은 연기법이기도 합니다. 모든 것이 차별이 있어야 존재합니다. 따라서 차별을 떠나면 존재도 사라지게 됩니다.

양변을 여의었다는 말은 양변이 상대성의 뜻이고, 또 상대성이 존재라면 양변을 여의었다는 말은 존재를 여의었다는 뜻입니다. 중도의 세계, 양변을 여읜 세계가 무슨 말이냐 하면 존재의 세계가 아니라는 말입니다. 뿐만 아니라 비존재의 세계도 아닙니다. 존재와 비존재가 서로 대치되는 거니까요. 둘 다 양변에 속하니까요.

우리가 쉽게 알 수 있는 면모를 가지고 얘기한다면 어떤 것을 중도의 뜻이며 중도의 일이라고 말할 수 있을까요?

첫째, 중도라는 것은 무아입니다.

전주에 가면 덕진공원이 있습니다. 그곳에 연꽃이 장관입니다. 연못을 가로질러 건너는 다리도 있고, 다리 중간에는 차 마시는 정자도 있어서 제법 운치가 있습니다. 다리엔 네온등이 설치되어 있어 밤에 보면 이쪽에서 켜져 가지고 쪼르르 저 끝까지 달려가곤 해요. 그런데 정말 이쪽에서부터 저쪽에 달려가는 등불이 있을까 하고 가서 확인해 보면 움직일 수 있는 놈은 아무것도 없어요. 전등이 모두 붙박이 나사로 고정되어 있어서 여기서부터 저쪽까지 옮겨갈 전등은 실제 없거든요. 그런데 우리 눈에는 움직임이 있는 것처럼 보이거든요. 그것은 우리 착각입니다. 그렇지 않은데도 그런 거 같이 보입니다. 있는 것처럼 보이지만 사실은 거기에 실체적인 게 아무것도 없습니다. 불교의 무아 사상입니다.

둘째, 중도는 불이입니다.

불이법문不二法門은 말 그대로 '둘이 아니다.'라는 것입니다. 동전의 앞면만을 보이며 "이것이 무엇이냐?"고 물으면 동전이라고 답합니다. 뒷면을 보이고 물어도 동전이라고 답합니다. 앞면이건 뒷면이건 다 동전입니다. 이것을 불이법不二法이라고 합니다. 마음과 물질이 불이요, 중생과 부처가 불이요, 너와 내가 불이요, 고와 낙이 둘이 아닙니다. 우리 중생의 삶에 부처의 광명지혜가 나타나지 않습니다. 왜 나타나지 않을까요? '나'의 세계이기 때문입니다. 이것이 우리의 현실입니다. 우리는 부처 아님이 없지만, 부처가 꼭꼭 숨어서 나타나지 않고 있습니다.

셋째, 중도는 사랑입니다.

깨달음은 일체가 자기 아님이 없음을 보는 것입니다. 깨닫기 전에는 너는 절대 내가 될 수 없지만, 깨달은 뒤에는 너와 내가 다르지 않습니다. 한 몸입니다. 이 세상에 누가 가장 사랑스러운 존재일까요? 가족보다 더 사랑하는 존재가 누구인가요? 바로 자기 자신입니다. 남이 바로 자기 자신이며 자신과 다르지 않다는 사실에 대한 확신을 가지고, 남의 고통을 자신의 고통으로 느끼는 사람이 깨달은 사람입니다. 가족 가운데 누가 아프면 내가 행복할 수 있습니까? 중생이 불행하면 자신이 행복할 수 없습니다. 중도의 깨달음은 사랑입니다. 진정한 사랑입니다.

넷째, 중도는 무한한 행복의 세계입니다.

부처님이 깨닫고 고향인 카필라 성을 방문했을 때 온 성 사람이 나와 환영했습니다. 오직 한 사람만 안 나왔습니다. 야소다라 부인입니다. 석가모니 부처님이 어린 아들에게 라훌라(방해물)라는 이름을 붙이고 야반도주해 버렸는데 기분이 좋을 리 있겠습니까? 야소다라 부인은 라훌라에게 "저기 저분이 너의 아버지이시다. 가서 이 세상에서 제일 값비싼 선물을 달라고 해라."라고 말하며 부처님께 보냈습니다. 라훌라는 부처님께 나아가 말했습니다. "부처님, 제가 라훌라입니다. 이 세상에서 제일 비싼 보배를 선물해 주세요." 그러자 부처님은 "좋다. 보배를 선물하마."라고 대답하고 발우를 주고 따르라 했습니다. 그리고 스님을 만들어 버렸습니다. 인간의 부귀영화라는 것은 결코 우리를 지켜 줄 수 없습니다. 부처님은 출가 후 고통을 겪었지만 깨달음을 성취했습니다. 그리고 알았습니다. 중도의 깨달음이야말로 모든 불행을 해소할 수 있고 진정한 행복을 성취할 수 있음을 알았던 것입니다.

반야심경

심경心經에는 자주 쓰이는 게송이 있습니다.

아유일권경我有一卷經하니 불인지묵성不因紙墨成이라.
전개무일자展開無一字하되 상방대광명常放大光明이로다.

나한테 경이 하나 있는데, 붓이나 종이로 된 것이 아니다.
보려고 펼쳐 보면 한 글자도 없지만, 항상 큰 광명을 놓는다.

'나한테 한 경'이 무엇을 가르치는 것인 줄 다 아실 거예요. 우리 마음을 얘기하는 거예요. 제목이 심경이니 마음에 대해서 읊은 거예요.

『반야심경』은 첫 구절이 서론이면서 총론이라 할 수 있습니다.

관자재보살觀自在菩薩 행심반야바라밀다시行深般若波羅蜜多時 조견오온개공照見五蘊皆空 도일체고액度一切苦厄

관자재라는 보살이 반야바라밀다를 깊이 행할 때 오온이 공하다는 사실을 비추어 보고 일체 고액에서부터 해탈하셨다는 뜻입니다.

심경 자체가 간단하지만 이 대목이 심경의 서론이면서 전체적인 뜻을 요약했어요. 이것을 더욱 요약하면 조견오온개공照見五蘊皆空으로 줄일 수가 있어요. 오온五蘊이 모두 다 공하다는 사실을 비추어 보았다. 이 말을 더 줄이면 오온개공五蘊皆空, 오온이 다 공하다. 더 줄이면 개공皆空이 되고, 더 줄이면 공空입니다. 『반야심경』은 공에 대해 말하고 있는 경전인 것입니다.

오온은 불교적으로 세계를 구분하는 것입니다. 모든 존재(정신적인 것, 물질적인 것)를 불교식으로 다섯 가지로 나누는 것이에요. 색色, 수受, 상想, 행行, 식識으로 나눕니다. 색이라는 것은 물질입니다. 불교에서는 정신(마음)을 중요하게 여기니까 구체적으로 네 가지로 나누었습니다. 다 마음이에요. 그러니까 정신과 물질, 이 두 가지 뜻을 이해하시면 돼요. 오온이라는 것은 모든 존재를 지칭하는 말이다, 이렇게 아시면 됩니다.

공이라는 것은 공쳤다 하잖아요. 없다, 비었다, 이런 소리예요. 색즉시공色卽是空, 이렇게 나오는 것은 색은 물질이니 물질이 없다, 이 소리예요. 이러면 처음부터 막히지요. 우리 상식과 다르죠. 산이면 산이 뚜렷이 있는데 물질이 왜 없어요? 이런 식대로 하면 산, 사람, 부처는 없다는 말인데 일상 상식과는 전혀 어긋나요.

이렇게 해서 그다음에 수상행식受想行識도 역부여시亦復如是라 이렇게 나오거든요. 색이란 것은 물질인데 물질이 공하다, 이렇게 말해 놓고 수·상·행·식은 정신인데, 이것도 공하다. 이렇게 이 세상에 존재하는 정신적, 물질적인 것을, 존재한다고 생각하는 것들을 이 심경에서는 모두 없다, 모두 착각이다, 이렇게 말하고 있어요.

공사상이 불교의 가장 핵심적인 사상인데, 이 사상에 대한 설명이 여러 가지로 이루어지고 있어요. 우선 가장 전통적이고 일반적인 방법으로 설명하자면 두 가지 접근 방식이 있다고 말합니다. 하나는 석공析空이고, 또 하나는 체공體空이라 하는 거예요. 석공은 공을 분석하는 것이고, 체공은 공을 바로 체득하는 것이죠. 이론적으로 분석해서 하나하나 따져 공을 이해시키려 하는 것을 석공이라 하고, 공은 그렇게 이해하는 것이 아니다, 바로 체득하는 것이다, 바로 몸으로, 마음으로 공을 느끼고 체험하게 하는 것을 체공이라 합니다.

그럼 어떤 식으로 공을 설명했는지, 공이라는 것이 왜 산, 사람, 집을 없다고 하는지 잘 들어 보세요.

이런 글이 있습니다. 어떤 사람이 길을 가는데 날이 저물었어요. 그래서 하룻밤 자고 가야겠는데 허허벌판에 아무것도 없어요. 그 들판은 억새풀이 잔뜩 자라 있는 곳인데 옆에는 칡이 쭉 뻗어 있었습니다. 그 칡넝쿨로 큰 억새의 윗부분을 조여 오두막처럼 만들어 아래에 생긴 공간에 들어가 잡니다. 그렇게 하면 찬이슬 맞으며 노지에서 자는 것보다 낫지요. 아침에 일어나서는 칡넝쿨을 풀어 제자리에 던져 놓고 떠납니다.

여기서 말하는 것은 허허벌판에 아무것도 없는데 이 사람이 칡넝쿨로 묶으니 오두막이 생긴 거예요. 홀연히 아무것도 없던 곳에 오두막이 나타났어요. 누구든 "와! 오두막이다."라고 탄성을 질러요. 그렇게 잘 쓰고 아침에 풀어 흩어 놓으니 다시 옛 들판으로 돌아간 거예요. 오두막이 사라졌어요.

처음 이 오두막이 생겼을 때 이 오두막은 어디에서 나타났나요? 이 오두막이 정말 있었던 건가요? 잘 생각해 보세요. 만약에 정말 있는 거라면 흩어 버렸을 땐 어디로 간 것이지요?

여러분 주머니에 어떤 물건이 있었는데 찾아보니 주머니에 없어요. 그러면 그 물건을 찾는데 주머니에 없다면 어디에든 있어야 하는데, 발치든 다른 보따리나 어디에든 있어야 하는데, 연기도 아니고 완전히 사라져 없어진다는 이런 일이 있을 것인가 생각해 보세요.

주머니에 동전이나 구슬이 들었을 때 찾아도 안 찾아지면 어딘가 있는데 내가 찾지 못할 뿐이지 결국은 찾아낼 수 있다고 우리는 그렇게 믿습니다. 없어질 수가 없어요. 이게 무슨 소리인가 하면, 실제로 있다는 뜻은 이 자리에 없으면 저 자리에 있어야 하는 것입니다. 연기처럼 완전히 사라졌다면 실존이 아닙니다. 구슬이 있다고 착각을 했다든지 혹은 누가 도술로 환으로 있는 것처럼 만들었다든지 했다면 홀연히 사라질 수도 있지만, 정말 실제로 있는 물건이라면 홀연히 없어질 수가 없어요.

이 오두막이 정말 어떤 물건이라면 어디에든 있어야 될 것입니다. 찾으면 뒤나 옆이나 어딘가에 숨어 있어야 오두막이 실존적인 거예요. 칡넝쿨로 매었던 것을 풀었으니 오두막은 완전히 사라진 것이지요. 그렇다면 이 오두막을 어떻게 이해해야 하겠어요? 실체적 존재가 아니에요. 정말 있는 것처럼 우리가 생각했지만 흩어 버리면 어디에든 찾을 수 없어요. 그래서 있는 것 같지만 정말 있는 것이 아니다. 그래서 공이에요.

다른 예를 들어 보겠습니다.

벽돌 공장에 가서 보면 벽돌들을 팔기 위해서 이렇게 저렇게 넓은 공간에 쌓아 놓고 있어요. 혹은 쌓지 못한 것은 흩트러져 있지요. 넓은 공간에 벽돌이 이런 모양, 저런 모양으로 있고, 반듯하게 정돈된 것도 있고, 흩트러져 있는 것도 있고, 높이 쌓여 있는 것도 있고, 옆으로 길게 쌓여 있는 것도 있어요. 여러 가지 벽돌들이 있지요. 그러면 우리가 그것을 보고 "저것이 무엇이냐?"고 물으면 누구 할 것 없이 "그거야 벽돌 무더기죠."라고 합니다. 다들 벽돌로 보지요.

그런데 전탑塼塔의 경우는 어떨까요? 전탑은 벽돌로 쌓은 탑입니다. 버마에 가면 전탑이 많답니다. 일타 스님께 들은 얘기인데 버마에 가니까 『화엄경』에 나오는 '무변황야無邊荒野에 중중보탑重重寶塔'이라는 말을 대번에 알겠더라고 하셨어요. 끝도 없이 펼쳐진 황야에 크고 작은 전탑이 들판 여기저기에 수도 없이 서 있더랍니다. 그 탑은 굉장히 큰 탑으로 두 분 스님이 들어가서 돌아다니다가 서로 잃어버려서 한참을 찾았다고 하니 얼마나 큰지 짐작되시겠지요.

우리나라에도 전탑이 있는데 경주 분황사에 있는 전탑은 원효 스님 당시부터 있었던 탑입니다. 정암사淨巖寺 보궁의 탑도 전탑입니다. 정암사에 그 탑을 보면 위치도 높은 데 있고 부처님의 사리도 모셔져 있어서 불자가 보면 신심을 가지고 보게 되니까 더 거룩하고 더욱 보기가 좋아요. 가까이 가서 보아도 탑 모양이 균형 잡혀 있고 아름답고 훌륭한 탑이에요.

그런데 수많은 사람들이 탑을 보지만 모두 탑만 보지 무엇으로 되어 있는지에는 관심이 없어요. 전탑이라는 것도 누군가 가르쳐 줘야 비로소 알게 돼요. 탑의 모양만 볼 뿐이에요.

벽돌 공장에서는 벽돌 무더기가 여러 형태로 놓여 있지만 어느 것을 봐도 다 모양에는 관심을 안 가지고 벽돌만 봐요. "이게 무엇이지?" 물어 보면 "아, 벽돌이지."라고 대답할 뿐, 쌓여 있는 그 형태에는 전혀 관심을 안 가지죠. 그런데 전탑을 볼 때는 그 벽돌에 관심을 갖지 않고 오직 형태만 보는 겁니다. 보는 관점이 다른 거예요. 벽돌 공장에서는 모양이 없고, 정암사 탑에서는 재질이 없어요. 한쪽은 모양만 있고, 한쪽에는 벽돌만 있지요.

탑을 해체 보수한다고 뜯어 놓으면 사람들은 "탑이 허물어졌네.", "탑이 없어졌네."라고 말합니다. 그런데 없어진 것이 있습니까? 그 탑을 쌓았던 벽돌들 다 곱게 모셔 놨잖아요. 탑을 이루고 있던 벽돌이 다 있지요. 없어진 것이 없지요.

없어진 것은 탑이라는 형태이지요. 아까 오두막도 오두막의 형태만 없어졌지 오두막을 만들었던 억새는 그 자리에 서 있잖아요. 이것이 바로 공의 뜻입니다. 공의 뜻을 이렇게 여러 가지로 열심히 설명하는 것을 석공이라고 말합니다.

그다음에 체공이라는 것은 어떤 뜻인가요? 이것은 공부를 해야 합니다. 도를 닦아야 해요. 정진을 열심히 해서, 화두를 열심히 들어서 일념이 됐을 때 문득 화두의 의심을 깨뜨리면 깨달았다고 합니다. 비록 깨닫기 이전 상태에서라도 의심이 순일한 상태 속에서 남다른 경계가 나타나는 수가 있습니다. 보이고 들리는 세계를 예전과 전혀 다르게 느끼는 겁니다.

산을 봤을 때 예전에는 산이라는 것이 나와 상관없이 저 밖에 있는 것이라고 늘 봐 왔었는데, 그것이 밖에 있는 것이 아니고 바로 나 자신으로 느껴지는 겁니다. 바로 내 마음이에요. 이것은 어떻게 설명할 수가 없습니다. 그냥 그렇게 느끼는 거예요. 그러고 보면 나하고 상관없이 저 밖에 있다고 했던 저 밖이라는 것이 사실은 밖이 아니라는 것을 깨닫게 돼요.

'안이다.', '밖이다.' 하는 것은 본래 없는 거예요. 그것은 공연한 구분이고 분별이지, 안팎이 없었다는 사실을 알게 돼요. 그래서 산이 바로 자기라 느껴지는 거예요. 자기 마음으로 느껴져요. 그러면 산이 산이 아니에요. 산이 산이 아니기 때문에 이것을 공이라고 말합니다.

이렇게 공부를 하다가 직접 공부 경계에서 보고 듣는 것이 실체가 없고, 실존이 아니다 하는 사실을 체감했을 때 이걸 체공이라 말합니다.

『반야심경』으로 돌아가서,

> 색즉시공色卽是空 공즉시색空卽是色 수상행식受想行識 역부여시亦復如是

> 색이 공이고 공이 색이며, 수·상·행·식도 또한 그렇다.

공에 없다는 의미보다 좀 더 다른 뜻은 없을까요? 이 부분을 얘기해 볼게요. 공은 일심一心(한마음)의 뜻입니다. 또 진여眞如의 뜻입니다. 이것을 붙여서 일심진여一心眞如라고 하지요. 일심이다, 진여다 하는 것은 우리들 자신을 가리킵니다. 일심은 결국 마음이니까 나 자신이지요.

무슨 말이냐 하면 오온이, 몸과 마음이 다 공이라고 하잖아요. 다 공이라면 어떻게 공인 줄 알지요? 공인 줄 알아보는 놈은 공이 아니잖아요. 공 말고 공을 알아보는 놈이 있다는 뜻이잖아요. 다 공이면 공이 없다는 뜻이라면 공을 아는 놈도, 아는 마음도 없어야만 해요. 그래서 '일체가 공이다'는 말도 없어야 하는 거예요. 결국 모순에 빠져요. 말이 안 되고 마는 거예요.

그래서 '공이 다름 아닌 마음이다. 바로 나 자신이다.' 이렇게 설명하는 겁니다. 공이 마음 자체이기 때문에 마음이 스스로 자각하는 모습을 조견오온개공이라고 말하고 있는 것입니다. 즉 공한 마음이 공한 자기 모습을 비추어 살펴보았다고 말하는 것이지요.

정리해 보면 색즉시공의 색은 물질, 이것은 공이다. 공은 무엇이냐? 일심진여다. 일심진여는 무엇이냐? 나다. 나는 무엇이냐? 공이니까 무아인 것입니다. 공, 진여, 나가 모두 다 같은 뜻이지요. 다시 말하면 진정한 "아", 진아眞我입니다. 무아와 진아는 같은 말입니다.

색즉시공, 즉 물질이 공이라고 말해 놓고 수·상·행·식의 정신도 공이라고 말합니다. 이 심경에서는 간소화시켜서 말하고 있어요. '즉卽'은 '같다'라는 말인데, 물질이 곧 공이다, 같다라는 뜻입니다. 마음도 공과 같다, 물질과 마음이 같다, 이 말이에요. 그러니까 물질과 정신이 그대로 진여불성眞如佛性, 일심진여一心眞如이고, 곧 그것은 '나'라는 결론이 나옵니다.

그러니까 『반야심경』에서 하는 얘기는 우리가 이 세상 모든 것이라고 생각하는 물질적인 것과 정신적인 것을 통틀어 '나'라고 말하고 있는 것이에요. 경이 이렇게 설하고 있는 것이지요.

정신이건, 물질이건, 나건, 너건 '전부 하나다'. 이걸 불이법문이라고 해요. 정신과 물질이 둘이 아니다. 유와 무가 둘이 아니다. 생과 사가 둘이 아니다. 중생과 부처가 둘이 아닌데 중생이 서로 다르게 볼뿐이라는 겁니다.

이 불이법문 때문에 해탈이 가능해집니다. 불이법을 이해하면 돈이 없는 사람도 걱정할 것이 없어요. 없는 것이 곧 있는 것이고 고와 낙이 둘이 아니니까요.

우리는 없는 것과 있는 것이 천지 차이라고 결정짓지만 부처의 눈으로 보면 안 그렇다는 거예요. 우리가 부처의 눈을 얻게 된다면 없는 것이 있는 것이니 없다고 걱정할 것 없어요. 고통이 낙이 되지요. 어떤 장애가 있어도 바로 해탈이 되지요. 걱정할 것이 없는 거예요.

이래서 자재自在의 의미가 나타나는 겁니다. 왜 깨달은 사람이 대자재와 대자유를 누릴 수 있느냐 하면 해탈하는 법 자체가 걸림이 없게 되어 있다는 거예요.

> 보리살타菩提薩埵 의반야바라밀다고依般若波羅密多故 심무가애心無罣碍

보리살타가 이 불이사상을 깨달았기 때문에 걸림 없이 대자재 해탈이 가능해진다고 말합니다.

이런 대자재, 대해탈이 가능해지는 심정에서는 또 하나 특별함이 있는 거예요. 동체대비同體大悲이지요. 어머니가 아이를 안아서 젖을 물리고 애정을 갖고 뒷바라지해서 키우는데, 아이에 대해서 모든 노력을 할 수 있는 것은 사랑 때문입니다. 사랑이 아이를 나 자신으로 느끼게 하기 때문이지요. 일체감이에요. 아이는 남이 아니고 나로 느껴지기에 아이를 위해서 무엇이든지 할 수가 있는 겁니다.

불교에서의 불이사상은 바로 무아사상입니다. 무아라고 해서 '내가 없다. 그래서 아무것도 없다.'라는 뜻이 아닙니다. 무아라는 말은 '너와 나는 하나이다.'라는 의미입니다.

친한 사람들은 "우리 사이에 무슨 네 것 내 것이 있냐?"라고 하지요. 이게 하나 되는 일체감이지요. 이런 일체감을 느낄 때만 진정한 헌신이 가능해집니다. 아이에게 젖을 먹이면서 사랑스러운 아이의 얼굴을 바라볼 때 아이를 위해서 내가 지금 희생한다, 봉사한다, 이런 생각이 듭니까? 남이라야 희생하고 봉사하지 자기 자신한테는 희생, 봉사, 그런 것 없어요. 아이를 자기 자신이라 생각하기에 희생, 봉사가 아니지요. 희생하고 봉사한다는 마음이 있는 사랑이라면 진정한 사랑이 아닙니다.

그러니까 이 불교적인 불이사상, 무아사상, 너와 내가 하나이지 둘일 수가 없는 이런 사상이 기반이 되어야만 진정한 평화가 찾아올 수 있습니다. 미래의 이 세계에 진정한 평화가 가능하고 또 이룩될 수 있다면 그 바탕이 되는 사상은 틀림없이 불이무아不二無我의 사상이 될 것입니다. 이 불교사상이 아니면 근본적인 갈등 구조는 우리 인류 사회에서 해소될 수가 없습니다.

『반야심경』이 간단하지만 깊이 해석해 보면 불이사상, '너와 내가 하나'라는 뜻입니다. 이런 사상은 앞으로 우리 인류 사회에 진정한 평화를 가져오게 할 수 있는 유일한 사상이라고 생각하고 불교에 대한 자부심을 가지며 부지런히 공부하고 포교도 하시기 바랍니다.

眞空門
莫存知解

인터뷰·추모의 글 | 이윤수·법인 스님 |

사멸死滅 그 너머에 미소 띤 님 기다리네

비로토굴 적명 스님

| 이윤수(방송작가) |

길이라고 할 만한 뚜렷한 길도 없는 험하고 가파른 산길에 무심한 눈은 손가락 길이는 족히 되게 쌓여 있다. 아마도 기도드리러 앞서 떠난 어느 보살님의 발자취이겠지 싶은 눈 위에 난 고무신 자국을 쫓으며 굽이굽이 끝도 없을 듯한 계곡을 거슬러 산을 오른다. 중턱이나 올랐을까, 잠시 길을 멈추고 발밑을 살피기에 여념이 없던 눈을 들어 비로소 사위를 둘러본다. 그림처럼 펼쳐지는 겨울 산의 풍경. 겨울 햇살 아래 부드러운 능선을 드러내며 겹을 이룬 산줄기가 온 시야를 감싸고 있다.

서늘한 빛을 내는 경루산이 그리 푼더분한 것은 그 품이 널널하고 높낮이를 그리고 있는 선들이 완만하니 고와서일 게다. 이 천성산은 통도사를 품고 있는 부근의 영축산 못지않게 중요한 불교 성지이다. 산의 초입에 원효 스님이 세웠다는 내원사가 고즈넉이 들어서 있음에서 알 수 있듯이 그 옛날 원효 스님의 족적이 곳곳에 스며 있기도 하거니와, 지금도 남도에서 손꼽히는 기도

처인 미타암이며 척판암 같은 암자가 자리 잡은, 이름 그대로 성스러운 산이다. 비단 불심의 깊은 역사를 간직하고 있을 뿐 아니라 여러 갈래로 뻗은 산의 능선이 아름답고 또한 골짝마다 변화무쌍한 그 풍경이 빼어나서, 천성산은 기도하러 오는 불자들과 등반객들의 발길이 수월찮다.

어림잡아 해발 육백 미터쯤 됨직한 곳에서 마침내 토굴을 발견하고 환호성을 지른 것은 내원사에서도 한 사십여 분을 쉬지 않고 오른 뒤이다. 슬레이트 지붕을 덮은 눈이 한낮의 볕에 녹아 처마 끝에서 낙수가 되어 뚝뚝 떨어지는 것이 한가롭기 짝이 없다. 잘 다독여진 뜰이며 깔끔하게 손질된 장독대며 나무들에 배어 있는 정갈함이 그 한가로움을 더하고 있다. 앞이 시원하게 트인 마당에 올라서려니 스쳐 지나온 계곡들이 온통 한눈에 들어오는 것이 기막힌 장관을 이루고 있음에, 잠시 넋을 잃는다.

이윽고 사람 기척을 내니, 한 일주일은 면도하지 않았는지 수염이 꽤 가뭇가뭇한 스님 한 분이 문을 열어 준다. 키가 훤칠하여 시원시원한 느낌을 주는 스님은 가만있어도 웃음 띤 얼굴빛이다. 서글서글한 눈은 여느 선방 스님네의 쏘는 듯한 푸른 눈빛과 달리 부드럽고 깊숙하다.

적명 스님이 이곳 비로굴(비로토굴)과 처음 연을 맺은 것은 십 년 쯤 전의 일이나 두어 해 난 뒤에 오래도록 떠나 있다가 다시 찾아와 수도처로 삼은 지는 만 삼 년이 되었다. 이곳에서 스님은 홀로 지낸다. 공양주도 없느냐고 여쭙자 두 손을 불쑥 내밀며 "여기에 있다."고 씨익 웃는 모습이 퍽 홀가분해 보인다. 사실 혼자 사는 것이 불편한 점도 없지는 않으나 혼자기에 누리는 자유로움이 더 크지 않겠냐 하신다.

워낙 소문이 나지 않은 토굴인지라, 비로굴을 수소문하는 데에 아침나절을 다 빼앗겼을 만큼, 인근의 신평리에서도 아는 이가 없었던 것이 이제야 이해가 간다. 그러나 연이 닿아 이곳에 한 번 와 본 이들은 저마다 이곳의 풍치며 스님의 사는 모습에 반하여, 다만 얼마간이라도 머무르기를 바라지 않을 수가 없다. 그럴 적마다 적명 스님은 대중처소에만 오래 있어 온 처지라 모처럼 만에 갖는 공부할 기회이니 도와 달라고 양해를 구함으로써 그런 이들을 물리치곤 하였다.

토굴 생활의 첫째 조건은 '언제나 홀로'여야 한다고 하는 스님은 선방에서도 토굴에서 지내듯 해야 공부가 잘되는 법이라고 이르신다. 체질이 본디 운동을 하지 않으면 소화가 안 되기에 혼자 있다 하여 끼니를 거르거나 행동을 늦추는 일은 결코 없다고 말씀하는 양이 오랜 토굴 생활을 통해 몸에 익힌 깍듯한 수행의 자세를 짐작하게 한다.

이 집에 처음 들어서면 작은 관에서 물이 쉼 없이 흘러내리는 물터가 눈에 뜨인다. 뒤뜰에 작은 요사채를 지을 때였다. 땅을 고르던 중에 그 밑뿌리가 상당히 깊어 보이는 큰 돌이 떡하니 가로막고 있는 것이었다. 일꾼들이 모두 힘을 합하여 간신히 들어 올리는 순간 갑자기 물줄기가 솟구쳐 올라 모두를 놀라게 하였다. 엉겁결에 물길을 찾은 것이다. 뜰이 온통 진흙탕이 되어 한 차례 법석을 피웠으나, 관을 대어 그 물을 앞뜰로 끌어내고 보니 어지간한 가뭄에도 마를 줄 모르는 훌륭한 샘물이었다. 물맛도 더없이 좋아 큰 보배를 얻은 듯하다고 한다.

뒤뜰에서 찾아낸 것은 물길만이 아니다. 고려의 것으로 짐작이 되는 기왓장도 있다. 스님이 자랑스레 내보이는 붉은 기와 조각에는 안쪽으로 고려기와에서 흔히 보이는 삼베무늬가 또렷하게 남아 있다. 내원사가 원효 스님이 지은 절이고 보면 천성산의 골짝에는 신라 때부터 수도하는 암자가 적지 않았을 게고 또 지금의 비로굴이 앉은 자리도 그 가운데 하나였으리라고 스님은 추정한다. 이곳의 지형, 지리가 수도처로 맞춤한 데에다 옛 기와 조각까지 나온 터이기에 말이다. 그렇게 말씀하시는 스님의 눈빛은 유구한 역사를 훌쩍 거슬러 올라가, 그 옛날에 이곳에서 향화를 사르며 불타의 길을 흠모하던 어느 선사의 외로운 행적을 뒤쫓는 듯하다. 아닌 게 아니라 지금은 잡초만 무성한 저쪽 산 중턱의 암자 터를 볼 때마다 적명 스님은 우리나라 불교역사의 흥망성쇠를 읽곤 한단다.

스님은 비로토굴을 '고급 토굴'이라고 여긴다. 승려 생활의 많은 세월을 토굴 생활로 보내왔지만, 이곳처럼 마음과 몸이 편안한 곳은 없었기 때문이다. 이 토굴에는 스님이 오기 전부터 신심 깊은 화주보살이 있어 생활의 어려움이 없도록 이모저모를 돕고 있다. 소소한 것 외에는 궁색함이 없도록 보살피는 그 보살들은 '공부하는 스님에게 폐 안 끼친다.'며 찾고 싶은 발길도 애써 절제한다. 이렇듯 세심하게 마음을 쓰며 좋은 환경을 만들어 주는 그 보살들은 오로지 공부하는 스님들을 뒷바라지함을 즐거움으로 여길 따름이다.

더러 험한 산길에서 토굴 지붕을 보고 마을이 나타났다고 좋아라 찾아오는 등산객이나 산보 삼아 오르곤 하는 내원사 스님 말고는 거의 찾는 이가 없어, 몇 날 며칠이고 홀로 말 않고 지내기가 일쑤이다. 그 덕분에 스님은 운동 삼아 일하는 시간을 빼고는 하루 온종일 참선에 들 수 있었다. 그런데 얼마 전에 눈이 온 뒤로는 죽은 나뭇가지를 베어 내고 등짐 하나씩 땔감을 해 오던 그나마 운동도 멈춘 채, 참선 수행에만 열중하고 있다.

제주도가 고향인 적명 스님은 고등학교를 졸업한 지 얼마 안 되어 고향 바다를 떠나 산에 들었고, 지금까지 삼십 년을 산에서 났다. 고등학교를 마치면서 청운의 꿈을 품고 육군사관학교에 지원하였으나 신체 검사에서 어이없이 떨어졌다. 낙방에 대한 오기로 이를 악물고 재수 준비에 한창이던 어느 날인가 어린 나이답지 않게 한문에 능하고 불교와 도교에 대해서도 깊이를 지닌 한 친구가 찾아왔다. 부처가 말씀한 진리만 알면 모든 것을 다 알게 된다는 친구의 말이 스님의 가슴에 예사롭지 않게 파고들었고, 결국 스님의 삶을 완전히 뒤바꾸어 놓았다.

"그 친구와 토론을 하던 가운데, 부처님은 일체를 두루 아는 분으로서 나고 죽음에서 자유로울 뿐더러 욕심과 집착에서도 또한 자유로운 분이라는 이야기가 가슴에 깊이 박히더군. 무엇보다도 나를 흔들어 놓은 것은 불도를 닦는 것이 일체의 지智를 성취하는 길이라는 말이었지. 친구를 보낸 뒤에 혼자 공부하려니, 영어나 수학이나 물리 따위를 애써 공부하느니 차라리 불법 하나를 온전히 알면 좋지 않겠는가 싶은 생각이 불쑥 고개를 치미는 것이야. 글쎄, 어린 나이에 인생이 무상함을 알면 얼마나 알겠느냐

마는, 어쨌든 그런 막연한 느낌에서 그 길로 곧바로 나주의 다보사로 출가하였지."

「페이터의 산문」을 끼고 다니며 줄줄 외던 사춘기 시절의 감상이 어쩌면 출가 정신과 통하였는지도 모르겠다. 그즈음 불교에 대해 아는 것이라고는 석가모니가 사대 성인의 한 사람이라는 것뿐이었으나, 그런 가운데서도, 진리를 찾는 데 나의 삶을 바치리라는 원을 세웠다. 그 막연하던 원이, 강산이 변하여도 세 번은 변하였을 지금에 이르러서는, 바로 여기에 무언가 참됨이 있다는 확신으로 굳어졌기에 스님은 죽기 전에 그 무언가를 확연히 알게 되기를 바란다.

스님은 중국의 설봉 선사를 특별히 좋아한다. 투자 선사를 세 번씩 찾아가 도를 구하고, 동산 스님의 회상에도 아홉 번이나 찾아간 설봉 스님의 그 모습이 간절한 구도심으로 온갖 어려움을 무릅쓰고 정진하는 그야말로 실참실구實參實究하는 선지식의 자세로 받아들여져서이다.

그런 적명 스님이 10.27법난 바로 뒤에 총무원 대신 그 뒷일을 수습하느라 만들어진 조계종 정화중흥회의에서 기획부 일을 맡아보았다는 것이 뜻밖의 일로 여겨진다. 탄성 스님을 상임위원장으로 하여, 종단 안의 불합리를 개혁하고 빠른 시간 안에 정상적인 종단을 발족시키려는 목적에서 구성된 이 중흥회의에, 그때 서울의 망월사에 머물던 스님은 스스로의 뜻에 따라 참여하였다고 한다. 남의 신발을 잠시 빌려 신고 내려왔다가 우연찮게 그 일에 끼어들어 석 달 남짓 일을 보게 된 데에는 이런 사연이 있다.

본시 스님은 모임 같은 것을 싫어하였다. 그런 스님에게, 인연이 그리되려고 했는지 절밥을 그토록 오래 먹고 살았으면 남을 위한 일에도 나서야 하지 않겠느냐는 공박이 그즈음 유난스레 자주 쏟아졌고, 해서 과연 '내가 할 일이 무엇일까?' 하고 곰곰이 생각하는 일이 잦아졌다. 그럴 즈음에 10.27법난이 일어났다.

"사방에서 뒷수습할 스님들을 모은다는 통지가 날라들었어. 광덕 스님, 돈연 스님 같은 이들이 중심이 되었지. 공식 기구에 한 번도 얼굴을 내민 적이 없는 나였지만, 꼭 한번은 일을 해야 한다고 여겨 내려간 게야. 정권이 저질러 놓은 사건으로 깊이 멍든 우리 불교의 현실이 가슴 아팠어. 그 뒷일을 떠맡아 종헌종법을 만들고 성수 스님을 총무원장으로 선출하는 것으로 일을 일단락 짓고 그곳을 떠났지."

그때를 회상하는 스님의 태도는 의외로 담담하다. 스님은 10.27 법난이 불교를 탄압한 것이기는 하지만, 그에 앞서 기독교를 비롯하여 반정부 활동을 활발히 전개하는 종교계 전체에 쐐기를 박으려는 정치적인 음모였다고 해석한다. 그런데 그 철퇴가 하필이면 불교에 먼저 떨어진 것은, 그 무렵 절 집안이 그만큼 허술하였기 때문이란다. 곧 그 모든 책임의 근본이 우리 불가에 있었음을 스스로 부끄럽게 여겨야 한다는 것이 당시 현장에 몸담았던 적명 스님의 지론이다.

"당국에 날아든 진정서가 육천 통이나 되었는데, 한결같이 스님들끼리 서로를 헐뜯는 내용이었어. 그쯤 되니 계엄사 측에서는 절 집안이 비리로 가득한 줄 알았지. 그러나 조사 결과는 털어도 먼지 안 나는 게 대부분이야. 육천 통의 허황된 투서란 정말 부끄러운 일이 아니겠어? 그러니 법난이란 것이 결국은 서로를 미워하고 또 믿지 못하는 우리 절 집안의 썩은 풍토가 빚어낸 자업자득의 재난인 셈이지. 어찌 남에게만 탓을 돌리겠나?"

한때 무지한 군홧발에 능욕당한 터이나 십여 년이 지난 오늘에 이르러 스님은 불교의 앞날이 퍽 밝다고 믿는다. 그 믿음을 가장 크게 뒷받침하는 것이, 가난에 못 이겨 입산하던 시절은 가고 스스로의 신념과 의지로 출가하여 구도심을 불태우는 이들이 승가의 맥을 잇고 있는 오늘의 모습이다.

선방에서 몇 해 지내다 보면 대개들 사진이 한 뭉텅이는 모인다. 해제 날을 비롯하여 정기적으로 기념사진 따위를 찍곤 하여서이다. 누군가 건네준 책도 지대방에 놓아두고 훌훌 떠나곤 하는 스님인지라 그렇게 모인 사진을 쓰잘 데 없는 것들이라 싶어 아궁이에다 태워 버렸는데, 지금에 와서는 못내 아쉽다고 한다.

"어쩌다 짐 정리라도 할양이면 문득 손에 잡히는 사진 한 장에서 그때 가졌던 마음가짐이 새롭게 떠올라 지금의 나를 채근하게도 되고, 도반들 생각에 흐뭇해하곤 하지."

참선을 한다는 이가 생각이 이러하니 초발심의 정신이 퇴색한 것이 아니면 나이 탓인 모양이라면서 스님은 쑥스러운 듯 씨익 웃으신다.

적명 스님은 '중이 중다워지는 것'은 부처님의 가르침을 깊이 이해하고 실천하는 일밖에 없다고 여긴다. 그러니 혹여 세인들과 다름없이 이름이나 재물에 집착하는 이들이 있다면 그들은 불가를 더럽히는 무리일 뿐이라고 본다. 한편 스님들의 사회 참여에 대해서는 구도심을 근본으로 의지하여서 사회 변혁을 꾀하려 노력한다면 그것이야말로 보살의 길임을 확신한다.

전기도 없고, 너무 깊은 산중이라 우체부도 오지 않고, 신문 하나 받아볼 수 없는 토굴에 머물고 있으나, 적명 스님은 세상일을 보는 식견이 진보적인 젊은이들에 뒤지지 않는다.

"오공화국 시절에 나라와 국가 원수를 위한 기도회라든지 모 씨의 당선을 위한 지지법회 따위를 열며 꼼짝없이 양 손바닥을 비벼대던 스님네가 어제 와서 오공비리가 어떻고, 진상 규명을 어쩌고 하며 목소리 높이는 일은 정말로 배꼽 잡고 웃을 일이지."

그렇게 말씀하시는 스님의 얼굴에서는 아무런 적개심도, 비아냥거림도 찾아볼 수 없다. 다만 예의 그 소박한 웃음만이 얼굴에 가득하다.

월간『해인』제84호
1989.2

적명 스님과의 밤샘 토론

| 법인 스님(실상사 한주) |

안횡비직眼橫鼻直

눈은 가로로 놓여 있고 코는 세로로 놓여 있다.

일본 조동종의 개조 도원 선사(1200~1253)는 깨달음의 경지를 이렇게 말했다. 무슨 의미일까? 말과 글은 발화되고 난 이후 각자의 해석에 있으니 나름대로 헤아려 볼 일이다. 후학들은 이 구절을, 삶의 진실과 환희는 일상을 떠나서 있지 않다고 받아들인다. 이 안횡비직의 구절이 들어 있는 게송 전체를 보면 수긍이 간다. 한번 살펴보자.

정천각지 頂天脚地
안횡비직 眼橫鼻直
반래개구 飯來開口
수래합안 睡來合眼

머리는 하늘을 향하고 다리는 땅을 딛고 있으며
눈은 가로로 놓여 있고 코는 세로로 붙어 있고
밥이 오면 입을 벌리고
잠이 오면 눈을 감는다.

그렇다. 깨달음이란 지금, 여기, 나를 떠나 별도의 세계에서 있는 것이 아니다. 그리고 별스러운 것도, 별스러운 짓도 아니다. 내 마음의 눈을 가리고 있는 무언가를 벗겨내고 사물을 보는 일이다. 탐욕과 집착의 사슬을 훌훌 끊어 내고 그저 보고, 듣고, 일하고, 사랑하고, 노는 것이다. 그래서 선사가 삶의 방향을 이렇게 말했는가. 머리는 하늘에, 다리는 땅에 있어야 한다고. 또 선사는 삶의 자유와 질서를 밥을 먹고 잠을 자는 일이라고 말했다. 늘 보고 듣는 것들이 늘 새삼스러운 모습으로 내게 오는 것, 이것이 깨달음과 환희장 세계가 아니겠는가? 그런데 오늘날 우리는 성공이라는 속도에 눈이 멀어 방향을 잃고, 온갖 근심 걱정으로 밥맛과 잠맛을 모르고 있다.

안횡비직! 평범 속에 비범을 생각할 때 떠오르는 분이 있다. 적명 스님이다. 겸손하면서 당당하고, 논리적이면서 직관적이며, 소박하면서 빛나는 분이 적명 스님이다. 그 적명 스님이 세수 여든하나로 12월 24일 사바의 인연을 접었다. 스님은 그 흔한 방장이니 조실이니 하는 그런 직책이 주는 권위로 사신 분이 아니었다. 또 그런 권위로 선승들의 믿음과 존경을 받은 분이 아니었다. 그저 수행자 적명으로 권위를 인정받으신 분이다.

적명 스님은 스물한 살에 전남 나주에 있는 다보사에서 출가했다. 은사는 천진도인이라고 존경받는 우화 스님이다. 필자도 소년 사미승 시절 은사 스님을 모시고 다보사에 들러 적명 스님의 은사이신 우화 스님을 뵌 적이 있다. 존재 자체로 사람을 편하고 즐겁게 해 주시는 분이었다.
적명 스님의 속가 인연은 불가에도 그리 알려져 있지는 않다. 스님의 조부는 출가 사문이었다. 조부는 제주도에서 석성石惺 김석윤 스님으로 알려져 있다. 독립운동가이기도 하다. 석윤 스님은 1894년 전주 위봉사에서 사미계를 받았다. 항일투쟁으로 1909년에 일 년간의 옥고를 치르기도 했다. 1990년 건국훈장 애족장을 추서 받았다. 그런데 적명 스님은 조부에 대한 기억이 별로 없다고 한다.

필자는 적명 스님을 모시고 공부하지는 못했다. 다만 온몸으로 감동받은 한 번의 만남이 선명하게 기억에 남는다. 아마 2012년 가을로 기억한다. 그때 나는 조계종 승려의 교육 행정을 담당하는 조계종 교육원 교육부장의 소임을 맡고 있었다. 여름 삼 개월

선 수행 안거가 끝난 어느 날, 교육원장 현응 스님이 공부 모임에 참여하지 않겠느냐고 제안했다. 봉암사 수좌 적명 스님을 모시고 몇몇 스님들과 어떤 주제를 가지고 토론하는 자리라고 했다. "뭐 노는 입에 염불한다고 하는데 남는 시간에 공부하지요." 기쁜 마음으로 참여하기로 했다. 그때 내심 바라는 것이 있었다. 참여하는 다른 스님들도 뵙고 싶지만 무엇보다도 적명 스님에 대한 호기심이었다. 스님의 인품도 느껴 보고 싶었고, 특히 불립문자 가풍의 선승이면서도 대화와 토론을 무제한으로 즐겨 하신다는 점이 끌렸다. 한때 적명 스님은 토굴에서 도법 스님과 밤을 새워 가며 무려 열세 시간 법을 토론했다고 하는 지인의 증언이 늘 머리에 남아 있었다. 때로 선승들은, 특히 조실의 위치에 있는 분들은 합리적인 대화와 깊은 토론을 기피하는 경향이 있다. 늘 아쉽고 마음 한구석에 미덥지 못한 부분이다.

하늘은 맑고 볕은 고운 날, 서울 성북동 전등사에 수도승(서울에 거주하는 스님)과 산승들이 모였다. 봉암사 수좌 적명 스님, 실상사 회주 도법 스님, 전등사 주지 동명 스님, 교육원장 현응 스님, 선운사 초기불전승가대학원장 재연 스님, 초기불전연구원의 각묵 스님, 그리고 필자가 모였다.

간단한 점심 공양을 마치고 차 한 잔 곁들이며 공부를 시작했다.

그날 공부는 누가 발제를 하고 토론하는 그런 약속도 없었다. 그저 모여서 평소 나름대로 하고 싶은 말, 서로에게 묻고 싶은 말을 중구난방으로, 횡설수설하면서, 그야말로 야단법석을 펼치고자 했다. 모두가 그렇게 하려고 했는데 뜻밖에도 적명 스님께서 몇 권의 책과 문서를 꺼냈다. "저, 오늘 공부는 이렇게 하면 어떻겠습니까?" 대중의 시선이 스님께 쏠렸다. "다름이 아니라 그동안 제가 여기 계신 각묵 스님이 번역하신 『청정도론』을 탐독했습니다. 오늘 각묵 스님을 직접 뵈니 참 반갑습니다. 그리고 각묵 스님, 스님이 번역하신 산스크리스트본 『금강경』 읽고 내가 그동안 석연하지 않았던 부분이 많이 풀렸습니다. 고마운 말씀 이 자리에서 전합니다."

적명 스님의 돌연한 발언에 누구보다도 각묵 스님이 놀랐다. "아이고, 스님. 그저 부끄럽습니다. 큰스님이 그렇게 칭찬해 주시니 몸 둘 바를 모르겠습니다." 그도 그럴 것이 각묵 스님이 적명 스님보다 세랍과 법랍이 이십 년 정도 아래다. 절집 서열로 스승뻘이다. 더구나 선원의 권위가 서슬 푸른 조계종의 풍토에서 큰 어른이기 때문이다. 그런 분이 제자뻘인 각묵 스님에게 진심으로 몸을 숙여 고마움을 전한 것이다.

각묵 스님은 경전을 우리말로 옮기고 있는 역경승이다. 흔히 말하는 해인사 장경각의 팔만대장경이라 일컬어지는, 한문으로 된 고려대장경은 이미 한글로 번역되었다. 각묵 스님은 인도 말, 즉 빨리어본의 경전을 우리말로 번역하고 있다. 한역으로는 "아함"이라고 부르고 빨리어로는 "니까야"라 부르는 방대한 분량을 번역하였다. 그중에 적명 스님이 탐독했다는 『청정도론』도 도반 대림 스님과 함께 우리말로 옮겼다. 『청정도론』은 5세기경에 인도의 붓다고사 스님이 저술한 남방불교의 경·율·론 삼장에 대한 해설서이자 수행의 지침서이다. 붓다고사 스님은 우리의 원효 대사에 필적하는 분이다. 번역된 『청정도론』은 세 권이고 천오백 쪽 분량이다.

"각묵 스님, 실은 제가 스님과 대림 스님이 번역한 『청정도론』을 정밀하게 거듭 읽었습니다. 읽고 나니 수행하면서 평소 의심스러운 부분이 많이 풀리고, 석연하지 않은 점도 확연해졌습니다. 제가 책의 주요 핵심 내용을 나름대로 간추려 정리했습니다." 적명 스님은 그날 참석한 공부 대중들에게 간추린 내용을 나누어 주었다. 분량은 아마 오십 쪽이 넘었던 것으로 기억한다. 천오백 쪽의 내용을 그렇게 요약한 것이다. 옆에서 책을 보니 형광펜으로 밑줄이 곳곳에 그어져 있고 포스트잇도 수없이 붙어 있었다. 모두가 내심 놀랐다. 연배도 높으신 분이, 선 수행자를 지도하는 봉암사의 수좌 스님이, 북방불교의 간화선 수행을 하는 어른이,

우리와는 사뭇 풍토가 다른 남방불교의 논서를 정독하고 요약하여 오신 것이다. 아마 세속의 분들은 절집 안의 흐름과 분위기를 잘 알지 못하기 때문에 우리의 놀람을 실감하지 못할 것이다.

이어 적명 스님이 각묵 스님에게 다음과 같이 요청했다. "제가 『청정도론』을 읽어 가면서 북방의 간화선과 남방의 위빠사나 선 수행의 공통점과 차이점을 몇 가지로 정리했습니다. 각묵 스님께서 내가 공통점이라고 말한 부분이 맞는지를 말해 주십시오. 그리고 차이점에 대해서도 스님 나름대로 견해를 말해 주시면 고맙겠습니다." 적명 스님의 요청에 각묵 스님은 훗날 내게 말했다. "그때 정말 놀랐고, 송구스러웠고, 기뻤고, 감격했다"고. 어찌 그렇지 않았겠는가? 또 그 자리에서 누가 그렇게 느끼지 않았겠는가? 여하튼 공부 거리를 착실히(?) 준비해 오신 스님 덕분에 대중들은 그날, 밤을 세워 가며 진지한 경청과, 날카로운 질문과, 성실한 답변을 주고받았다. 수행승들이 해야 할 일은 오직 '고요한 침묵'과 '의미 있는 대화'라는 붓다의 말씀을 실감하는 환희로운 법석이었다.

적명 스님의 입적 소식을 듣고 새삼 '배움'에 대해 생각한다. 배운다는 것은 지식의 축적이 아니라 일깨움일 것이다. 그러나 일깨움 이전에 배움에 대한 마음가짐과 태도일 것이다. 자신의 향상을 위하여 누구에게나 물을 수 있는 마음가짐, 설령 그 대상이 아랫사람이라 하더라도 부끄러워하지 않고 물을 수 있는 그 마음(불치하문不恥下問), 그 마음 씀이 수행의 결실이고 경지가 아니겠는가. 예전에 절집의 대강사들은 제자의 공부가 무르익으면 자리를 바꿨다. 제자가 강단에 올라가 강의하고 스승이 밑에서 듣고 물었다. 허튼 권위와 분별과 집착이 끊어진 경지에서 나올 수 있는 태도다.

그해 가을날의 적명 스님에 대한 기억은 더 뚜렷하다. 하심과 배움의 아름다움이야말로 멀리 가는 향기일 것이다.

휴심정
2020. 1. 3.

적명 스님 행장

| 연관 스님 |

희양산 봉암사 수좌 적명 스님은 1939년 제주도에서 태어났다.

제주 오현고등학교를 졸업하고 철학적 고뇌로 출가할 것을 결심하여 어머니께 말씀드리니 "내 눈에 흙이 들어가기 전에는 안 된다." 하셨다.
"그러면 어머니가 돌아가신 후 묘소를 꾸며 드리고 가겠습니다." 하니, 어머님이 묵묵히 허락하셨다.

선지식을 찾아 뭍으로 나와 나주 다보사 우화雨華 스님을 은사로 출가하고, 1959년 해인사 자운 율사에게 사미계를, 1966년 해인사 자운 율사에 의해 비구계를 수지하였다. 사형인 진상眞常 스님의 권유로 관음주력에 매진하던 중 어느 날, 삼라만상 극락지옥이 눈앞에 보이듯 뚜렷한 것을 체험하고, 당시 선지식인 범어사 동산 스님, 통도사 경봉 스님 등을 참알하였으나 그분들의 법어에 귀 기울이지 않았다. 환희심에 들떠 자부에 매몰해 있었기 때문이다.

26세에 토굴에서 우연히 보조국사의 『절요』를 읽다가 "수행을 하려면 반드시 활구참선을 해야 한다."는 구절을 보고, 마음에 크게 느낀 바 있어 무자화두를 참구하기 시작하였다. 28세에 해인사로 가서, 1967년 해인총림이 개설되고 성철 스님이 방장에 추대되어 선풍이 일기 시작하자, 가행정진한 이래 평생 선방을 떠나지 않았다. 당대 선지식인 전강 스님, 경봉 스님, 구산 스님, 성철 스님, 서옹 스님, 향곡 스님 등 문하에서 법을 묻고 정진하였고, 『능엄경』 변마장의 내용이 낱낱이 사실임을 확인하고 화두선에 더욱 매진하였다.

해인총림 선원장, 영축총림 선원장, 고불총림 선원장, 수도암 선원장, 은해사 기기암 선원장 등을 역임하고, 전국수좌회 공동대표를 맡았다. 2009년 정월, 구산선문 중 하나이자 봉암사 결사의 전설적 청정도량인 봉암사에 주석, 대중의 추대로 수좌 소임을 맡은 후 입적하는 날까지 대중과 함께 정진, 운력, 공양하는 등 후학에게 수행자의 본분을 보였다.

간화선 선풍을 진작하고자 외호 대중의 도움과 문경시와의 협의 아래 국제선센터 건립을 발원하여 2015년 선원수좌회와 공동으로 문경세계명상마을 건립을 본격 추진하고, 평생 청빈한 삶으로 돌보는 이 없이 쓸쓸히 생을 마감하는 수행자를 위하여 수좌복지회를 만들 것을 제의, 성사시켰으며, 봉암사에 원로 수좌를 모시기 위해 원로선원을 건립하였다.

스님은 오로지 본분사에만 매진하고 선방 밖의 일에는 거의 돌아보지 않았으나, 간혹 법을 묻는 이가 찾아오면 다양한 비유와 진솔한 설법으로 대중을 감통케 하되, 중도가 불교의 근본 교의임을 설파하며 화두선이야말로 중도를 바로 체험하고 깨달을 수 있는 가장 지름길임을 강조하고, 설사 화두 타파를 하지 못하더라도 일상 생활을 활기차게 영위할 수 있는 공능이 있다고 강조하였다.

2018년 종단의 최고 법계인 대종사 법계를 품수하고, 2019년 12월 24일(동짓달 스무여드레)에 입적하니, 세속 나이 81세, 법랍은 60세였다.

수좌 적명

2020년 2월 10일 초판 1쇄 발행
2020년 12월 7일 초판 4쇄 발행

글 적명 • 기획 태고선원 봉암사 • 정리 원광·배수선 • 사진 권혁재
발행인 박상근(至弘) • 편집인 류지호 • 상무이사 양동민 • 편집이사 김선경
책임편집 김재호 • 편집 이상근, 양민호, 김소영 • 디자인 쿠담디자인
제작 김명환 • 마케팅 김대현, 정승채, 이선호 • 관리 윤정안
펴낸 곳 불광출판사 (03150) 서울시 종로구 우정국로 45-13, 3층
대표전화 02) 420-3200 편집부 02) 420-3300 팩시밀리 02) 420-3400
출판등록 제300-2009-130호(1979. 10. 10.)

ISBN 978-89-7479-780-5 (03220)

값 14,000원

이 도서의 국립중앙도서관 출판예정도서목록(CIP)은
서지정보유통지원시스템 홈페이지(http://seoji.nl.go.kr)와
국가자료종합목록 구축시스템(http://kolis-net.nl.go.kr)에서 이용하실 수 있습니다.
(CIP제어번호: CIP2020003048)

잘못된 책은 구입하신 서점에서 바꾸어 드립니다.
독자의 의견을 기다립니다. www.bulkwang.co.kr
불광출판사는 (주)불광미디어의 단행본 브랜드입니다.